KLEINE MIGRATIONS-GESCHICHTE VON NORDRHEIN-WESTFALEN

CHRISTOPH NONN

KLEINE MIGRATIONSGESCHICHTE VON NORDRHEIN-WESTFALEN

GREVEN VERLAG KÖLN

Liebe Leserin! Lieber Leser!

Die Landeszentrale für politische Bildung Nordrhein-Westfalen fördert die politisch bildende Literatur, indem sie entsprechende Buchprojekte initiiert, sie konzeptionell und redaktionell begleitet und finanziell unterstützt. Auch dieses Buch ist mit maßgeblicher Beteiligung der Landeszentrale entstanden.

demokratie leben

Landeszentrale für politische Bildung Nordrhein-Westfalen

Lektorat: Jan Motte, Köln
Gestaltung: Thomas Neuhaus, Billerbeck
Satz: Thomas Volmert, Köln
Gesetzt aus der Concorde
Druck und Bindung: Friedrich Pustet, Regensburg

ISBN 978-3-7743-0479-6

Detaillierte Informationen über alle unsere Bücher finden Sie unter:
www.Greven-Verlag.de

I. Ein Land von Migranten

Einerlei, wer Fußball-Weltmeister wird: Einwohner von Nordrhein-Westfalen sind immer dabei. Als 2006 die italienische Nationalmannschaft in Berlin den Weltpokal gewann, wehten von Zehntausenden Balkonen und Autodächern zwischen Maas und Weser vertikal gestreifte grün-weiß-rote Flaggen. Italienischstämmige Rheinländer und Westfalen feierten eine Nacht lang mit ausgiebigen Autokorsos den Titelgewinn „ihres" Teams. Bei der Europameisterschaft zwei Jahre später und der Weltmeisterschaft 2010 jubelten dann spanische Zuwanderer. In Köln, Duisburg, Münster und vielen anderen Städten machten sie bei ihren Siegesfeiern die Nacht zum Tag.

Nordrhein-Westfalen ist ein Land von Migranten. Jeder neunte Mensch an Rhein und Ruhr hat einen nichtdeutschen Pass. Die Zahl der Personen mit ausländischer Staatsangehörigkeit liegt bei zwei Millionen. Das sind mehr als in jedem anderen Land der Bundesrepublik Deutschland. Noch einmal gut zwei Millionen Einwohner Nordrhein-Westfalens werden von Statistikern ebenfalls als „Menschen mit Migrationshintergrund" gezählt, weil sie seit 1950 von außerhalb der Bundesrepublik eingewandert sind oder mindestens einen zugewanderten Elternteil haben. Insgesamt also vier Millionen, ein knappes Viertel der nordrhein-westfälischen Bevölkerung, gelten statistisch als Migranten.

Dieser Anteil wird in Zukunft wohl noch größer werden. Denn Migranten sind im Durchschnitt deutlich jünger als die alteingesessene Bevölkerung. Mehr als die Hälfte der Menschen ohne Migrationshintergrund in Nordrhein-Westfalen ist über 45 Jahre alt, aber nur drei von zehn Zuwanderern. Während die Zahl aller Einwohner des Landes seit einigen Jahren sinkt, steigt die Zahl der Ausländer und Eingebürgerten. Diese leben häufiger in Paargemeinschaften zusammen als Alteingesessene. Und sie haben zwar nicht unbedingt wesentlich mehr, aber öfter überhaupt noch Kinder.

In den Städten sind die Zugewanderten besonders zahlreich. Und den Kern Nordrhein-Westfalens macht die große städtische Ballungszone an Rhein und Ruhr aus. Fast jeder fünfte Kölner, Düsseldorfer oder Aachener hat einen nichtdeutschen Pass. Die eingebürgerten Zuwanderer sind dabei noch gar nicht einmal mitgezählt. Nordrhein-westfälische Städte unterscheiden sich allerdings keineswegs von anderen deutschen Städten. Den höchsten Ausländeranteil haben unter allen Bundesländern die Stadtstaaten Hamburg, Berlin und Bremen. Dann folgen die Flächenländer Baden-Württemberg, Hessen und Nordrhein-Westfalen mit ihren großen städtisch-industriell geprägten Kernzonen. Am wenigsten Zuwanderer gibt es in eher ländlich strukturierten, schwach industrialisierten Bundesländern, wie in großen Teilen Ostdeutschlands oder in Schleswig-Holstein.

Die Städte an Rhein und Ruhr sind freilich nicht erst heute Magnete für Zuwanderer. Sie sind es schon spätestens seit dem Beginn der Industrialisierung im 19. Jahrhundert gewesen. Wenn man es genau nimmt, gibt es in Nordrhein-Westfalen auch noch wesentlich mehr Menschen mit Migrationshintergrund als die gut vier Millionen, die von der Landesstatistik als solche erfasst werden. In den Jahren nach dem Zweiten

Weltkrieg etwa fanden hier ebenfalls schon Millionen Menschen, die aus den ehemaligen deutschen Gebieten östlich der Oder-Neiße-Linie vertrieben worden waren, eine Zuflucht und neue Heimat. Bis zum Bau der Mauer, die seit 1961 die zwei nach dem Krieg gegründeten deutschen Staaten trennte, kamen Hunderttausende Flüchtlinge aus der DDR dazu. Ungefähr ein Viertel derjenigen, die heute landläufig als „alteingesessene" Nordrhein-Westfalen gelten, gehören tatsächlich zu diesen Vertriebenen und DDR-Flüchtlingen oder stammen von ihnen ab.

Geht man weitere anderthalb bis zwei Generationen zurück, wird der Umfang der Wanderungen und der Anteil der Zugewanderten noch gewaltiger. In den Jahren vor dem Ersten Weltkrieg war der Anteil der Ausländer unter den Einwohnern der damaligen preußischen Provinzen Rheinland und Westfalen zwar etwas geringer, wenn auch durchaus beträchtlich. Aber nur etwa die Hälfte der Menschen wohnte an dem Ort, an dem sie geboren worden waren. In einigen Ruhrgebietsstädten lag die Zahl der Zugewanderten damals sogar bei zwei Dritteln der Bevölkerung. Sie kamen aus der Eifel, vom Niederrhein, aus Ostwestfalen, aus Ostpreußen und Posen. Nicht wenige hatten Polnisch als Muttersprache, manche auch Italienisch oder Niederländisch.

Wer unter den Bewohnern Nordrhein-Westfalens seine Herkunft nur drei oder vier Generationen zurückverfolgt, wird in den meisten Fällen einen familiären „Migrationshintergrund" finden. „Jeder Mensch ist Ausländer – fast überall", heißt einer der provokanten Gedankenanstöße von Kampagnen gegen Fremdenfeindlichkeit. Denn außerhalb des eigenen kleinen Landes ist jeder Mensch ein Fremder. Doch man muss nicht in die Ferne schweifen, um diese Erfahrung zu machen. Dafür reicht schon ein Blick in die Geschichte des eigenen

Landes, der eigenen Familie. Zuwanderungserfahrungen gehören zur Familiengeschichte der meisten Menschen, die in diesem Land leben. Wenn man so will, ist deshalb fast jeder Mensch in Nordrhein-Westfalen ein Migrant.

Migrationserfahrungen sind ein Teil der allgemeinen Geschichte, und deshalb gehören sie zur nordrhein-westfälischen Geschichte dazu. Die Geschichte der Migration verbindet die Geschichte Nordrhein-Westfalens freilich auch mit der Geschichte anderer Gebiete – der Länder und Regionen nämlich, aus denen die Zuwanderer kamen. Denn Migration hat immer zwei Seiten: das Weggehen und das Ankommen. Wer zuwandert, wandert zunächst einmal woanders ab.

So banal das erscheint, wird es doch allzu häufig vergessen. In einem Einwanderungsland, wie es Nordrhein-Westfalen ist, wird oft nur die eine Seite thematisiert. Aus der Perspektive der Gesellschaft, die Migranten aufnimmt, zählt häufig allein das Ankommen. Migration wird so vor allem als Problem gesehen, das es zu lösen gilt. Eine möglichst reibungslose Eingliederung oder Integration der Zuwanderer ist das gesellschaftliche Ziel, ist Objekt der Politik. Deren Erfolg hängt aber wesentlich von den Umständen ab, unter denen die Migranten ihre alte Heimat verlassen haben. Ob Zuwanderer tatsächlich „ankommen" und in der Fremde heimisch werden oder ob sie eher Fremde bleiben, wird von den Gründen und Bedingungen ihres Weggehens mit beeinflusst.

Integration ist zudem nicht nur eine Sache der Migranten. Wenn in der Öffentlichkeit gefordert wird, Zuwanderer müssten sich „integrieren", dann ist damit nicht selten einseitige Anpassung gemeint. Aufnehmende Gesellschaften oder vielmehr diejenigen, die sich als ihre mehr oder weniger selbsternannten Vertreter und Wortführer gebärden, definieren dann gesellschaftliche Standards, an die es sich anzupassen gilt.

Die Definition solcher Standards geschieht häufig willkürlich. Gelegentlich grenzt sie auch ans Absurde – wenn etwa der Ruf des Muezzins vom Minarett als „fremd“ und deshalb nicht akzeptabel etikettiert wird, während das Läuten von Kirchenglocken als selbstverständlich, Teil deutscher Kultur oder Ausdruck von Religionsfreiheit gilt.

Der Umgang einer Gesellschaft mit Zuwanderern sagt so viel über sie selbst aus. Ob sie sich als „offen“ oder „geschlossen“ versteht, wie weit ihre Mitglieder Toleranz gegenüber Fremden und Fremdem predigen und praktizieren, ob sie Zugehörigkeit zum Ganzen eher durch Herkunft oder durch Bekenntnis gegeben sehen – all das offenbart sich in Migrationspolitik. Es offenbart sich auch in den Konstruktionen von dem, was Migration überhaupt ist. So wird gerne unterschieden zwischen Wanderung aus wirtschaftlichen oder politischen Motiven. Migration wird verstanden als geboren aus dem Wunsch nach Verbesserung oder aus existenzieller Notwendigkeit. Begriffe werden dabei immer wieder auch politisch instrumentalisiert: Dem „Wirtschaftsasylanten“ lässt sich auf diese Weise der „echte Flüchtling“ gegenüberstellen. Ein solches Denken in einfachen Gegensatzpaaren bildet die subjektive, meist sehr komplexe Motivlage von Migranten oft allerdings nur sehr unvollkommen ab. Zwischen erzwungener Migration und Flucht einerseits, Wanderung aus „freien Stücken“ andererseits liegt ein weites Feld.

Die gesellschaftlichen Konstruktionen von dem, was Migration ist, sind historisch gewachsen und durch historische Erfahrungen geprägt. Sie prägen wiederum selbst die aktuelle Migrationspolitik, und damit die Zukunft. Auch die Zuwanderungs- und Integrationspolitik ist zudem von weit zurückreichenden Traditionen beeinflusst. Diese Traditionen und Einflüsse kann eine historische Darstellung sichtbarer machen.

Die Beschäftigung mit Migrationsgeschichte bietet so nicht zuletzt eine Grundlage, überkommene Auffassungen und Praktiken zu hinterfragen – und unter Umständen zu verändern.

Migrationsgeschichte kann aber auch als Anschauungsmaterial dafür dienen, wie mit Wanderungsprozessen zusammenhängende Probleme gelöst werden können. Auch wenn historische Ereignisse und Prozesse sich nie eins zu eins wiederholen, so ermöglicht ihre Betrachtung ähnlich der eines Laborversuchs doch Aufschlüsse über die Bedingungen, unter denen Zuwanderer und Alteingesessene sich zusammenraufen – oder auch nicht. Das gilt für die Beobachtung westfälischer und rheinischer Auswanderer in den USA. Das gilt für die Massen, die um 1900 aus den verschiedensten ländlichen Gebieten in die wachsenden Industriezentren an Rhein und Ruhr strömten. Es gilt auch für die Hunderttausenden von Juden, die seit dem späten 19. Jahrhundert aus Osteuropa kamen, für die Millionen von Vertriebenen nach dem Zweiten Weltkrieg, für die seit den 1950er Jahren aus Südeuropa zuwandernden „Gastarbeiter“, für Spätaussiedler und Asylanten.

Die folgende Darstellung beschränkt sich auf Wanderungsprozesse in das und aus dem Gebiet des heutigen Nordrhein-Westfalen seit dem 19. Jahrhundert. Damit soll nicht gesagt sein, dass es vorher keine nennenswerten Migrationen gegeben hätte. Auch die Vormoderne kannte beträchtliche Mobilität. Aber diese ist kaum zu quantifizieren. Zudem macht es vor dem 19. Jahrhundert wenig Sinn, von einem Raum zu sprechen, der ungefähr dem heutigen Bundesland entspricht. Erst mit der Gründung der beiden preußischen Provinzen Rheinland und Westfalen nach 1815 begann dieser Raum sich in politisch-administrativer Hinsicht abzuzeichnen. Auch wirtschaftlich entstand erst im 19. Jahrhundert das, was die Zeitgenossen zunehmend als ein „rheinisch-westfälisches Industriegebiet“ wahrnahmen. Daran hatten gerade Wanderungsprozesse einen ganz wesentlichen Anteil. Der Schwerpunkt liegt schließlich auf der Geschichte des Einwanderungslandes Nordrhein-Westfalen seit seiner Gründung 1946 – einer Geschichte, die eng verknüpft ist mit der Migrationsgeschichte der kurz darauf entstandenen Bundesrepublik Deutschland.

II. Aus Westfalen und dem Rheinland in die Neue Welt

Am Anfang moderner Migrationsgeschichte stand im Rheinland und in Westfalen weniger Einwanderung als Auswanderung. Zur Zeit der Gründung des Deutschen Reichs 1871 verließen unter dem Strich mehr Menschen die beiden preußischen Provinzen, als dorthin zogen. In anderen Regionen Deutschlands war es nicht anders. Insgesamt wanderten im 19. Jahrhundert ungefähr fünfeinhalb Millionen Bewohner der Gebiete, die schließlich zusammen das Deutsche Reich bildeten, dauerhaft über dessen Grenzen aus. Der größte Teil davon ging in die USA.

Solche Fernwanderungen waren an sich nichts Neues. Neu war allerdings ihr Ausmaß. Schon im 18. Jahrhundert hatten besonders Schwaben und Badener ihre Heimat verlassen, um sich tausend und mehr Kilometer entfernt in Südosteuropa anzusiedeln. An dieser vormodernen grenzüberschreitenden Wanderungsbewegung waren jedoch schätzungsweise „nur" eine halbe Million Menschen beteiligt gewesen.

Im frühen 19. Jahrhundert kamen diejenigen, die in die USA auswanderten, ebenfalls zunächst vor allem aus dem Südwesten Deutschlands. Dann bildete sich im Nordwesten ein neuer Schwerpunkt der Auswanderung heraus. Dazu gehörte auch Westfalen. Seit den 1830er Jahren nahm die Zahl der Auswanderer von hier rapide zu. Um die Mitte des 19. Jahrhunderts stellten Westfalen und das Rheinland die Hälfte all derer, die aus Preußen über den Atlantik in die Neue Welt zogen. Nach der Reichsgründung, in den 1880er und frühen 1890er Jahren, schwoll die Zahl der Auswanderer aus ganz Deutschland noch einmal an. Jetzt erreichte sie ihren Höhepunkt. Am meisten zu diesem Exodus trugen nun zwar preußische Ostprovinzen wie Posen, Pommern und Ostpreußen bei. Aber auch aus Westfalen und dem Rheinland machten sich mehr Menschen als jemals zuvor auf die weite Reise: In der ersten Hälfte der 1880er Jahre waren es allein über 56.000.

Einer von diesen 56.000 hieß Ludwig Dilger. Als er 1863 in Witten an der Ruhr geboren wurde, zählte seine Heimatstadt noch ungefähr 8000 Einwohner. Als er sie um die Jahreswende 1880/81, mit noch nicht ganz 18 Jahren, in Richtung Amerika verließ, wohnten dort schon über 20.000 Menschen. Wittens explosives Wachstum war eine Folge der raschen Ansiedlung von eisenverarbeitenden Betrieben, Maschinenfabriken und Eisenbahnwerkstätten. Auch Ludwig Dilgers Vater, ein Glasmacher, verdankte seine Arbeitsstelle der rasanten Industrialisierung an der Ruhr. Wie die Stadt Witten war Familie Dilger in atemberaubendem Tempo gewachsen: Ludwig war eines von elf Kindern. Und wie die meisten der Auswanderer – ob sie aus Industriestädten kamen oder aus dem ländlichen Westfalen – gehörte er den unteren Schichten der Gesellschaft an. Er machte eine Bäckerlehre, fand aber offenbar nach Beendigung der Ausbildung keine Arbeit. Im August 1880 schrieb er seiner Familie aus Hagen, er habe sich schon dort, in Remscheid, Wuppertal und anderen Städten erfolglos nach einer Stelle umgesehen. Nun müsse er wieder nach Hause kommen, sein Geld sei alle.

Die existenzielle Notlage war offensichtlich einer der Gründe für den Entschluss auszuwandern. Die Hochphase der Auswanderung in die USA während der 1880er und frühen

1890er Jahre wurde geprägt durch einen lang andauernden Einbruch der wirtschaftlichen Konjunktur, die sogenannte Große Depression. Die Dynamik der industriellen Entwicklung ließ während dieser Zeit immer wieder nach, oft mit einschneidenden Folgen für die Bewohner von Stadt wie Land.

Wirtschaftliche und soziale Probleme waren häufig ein Anstoß, Auswanderung zumindest zu erwägen. Die Ursachen der Schwierigkeiten konnten dabei ganz verschieden sein. Nicht immer handelte es sich um globale Konjunkturkrisen. Oft spielten auch ganz individuelle oder lokale Probleme und Entwicklungen eine Rolle. So war es etwa im ländlichen Westfalen oft die kapitalistische Modernisierung der Landwirtschaft, die Unterschichten in Bedrängnis brachte. Besonders die Aufteilung von Gemeindeland, das früher jedem zugänglich gewesen war, spielte dabei häufig eine Rolle. Die entstehende industrielle Konkurrenz gefährdete zudem viele Existenzen in Handwerk und ländlichem Heimgewerbe. Wovon manche profitierten, schuf für andere existenzielle Schwierigkeiten.

Solche existenziellen Schwierigkeiten waren freilich nicht die einzigen Motive zur Auswanderung. Diese konnte auch ganz andere Ursachen haben. Oft verbanden sich mehrere Beweggründe. Ludwig Dilger etwa entzog sich mit der Auswanderung nicht nur einer wirtschaftlichen Notlage, sondern auch der Wehrpflicht in der Armee. Offensichtlich schiffte er sich deshalb nicht in einem deutschen Hafen nach Amerika ein, sondern im belgischen Antwerpen. In den USA gab es keine Wehrpflicht. Und auch sonst ließ dort der Staat den Bürgern mehr Freiheiten als die preußische Obrigkeit.

Das Streben nach mehr Freiheit war wohl noch in anderer Hinsicht ein Motiv für Ludwig Dilgers Entschluss zur Auswanderung. In den Briefen, die er aus Amerika nach Witten schrieb, finden sich wiederholte Andeutungen, dass Spannungen mit seinem Vater dafür ebenfalls eine Rolle spielten. Dass es damals wie heute ganz überwiegend junge Leute waren und sind, die ihren Geburtsort und ihre Familie verlassen, um sich in der Fremde eine neue Heimat zu suchen, hatte und hat vielfach auch mit dem Bedürfnis zu tun, der sozialen Kontrolle durch die Eltern und durch die ältere Generation allgemein zu entfliehen.

Im Zusammenhang damit waren bei Ludwig Dilger vielleicht auch politische Gründe von Bedeutung. Sein Elternhaus und insbesondere sein Vater war eher konservativ und national eingestellt. Ludwig Dilger dagegen bekannte sich in seinen Briefen nach Hause seit Mitte der 1880er Jahre zu sozialistischen Überzeugungen. In den USA ist er nachweislich als Sozialist politisch und gewerkschaftlich aktiv gewesen. Es ist unklar, ob er linke Überzeugungen auch schon vor seiner Auswanderung in Deutschland vertrat. Wenn ja, dürfte auch darin ein Motiv zur Emigration gelegen haben, wurde die SPD doch im Deutschen Reich seit 1878 durch die Sozialistengesetze verfolgt.

Politische Gründe spielten sicherlich nicht bei allen, aber doch bei einigen der Amerika-Auswanderer eine Rolle. So trug wohl schon das Ausbleiben von Veränderungen nach den revolutionären Bewegungen der frühen 1830er Jahre in Westfalen zu dem Anstieg der Auswandererzahlen bei. Nach dem Scheitern der Revolution von 1848/49 emigrierten viele prominente und weniger prominente „1848er“ in die Vereinigten Staaten. Welche Bedeutung politischen Motiven gegenüber wirtschaftlichen Hintergründen, allgemeinem Freiheitsstreben und der Emanzipation von Elternhaus und Sozialkontrolle zukommt, ist umstritten. Selbst in verhältnismäßig gut dokumentierten Einzelfällen wie dem von Ludwig

Dilger lässt sich die Relevanz der verschiedenen Ursachen nicht klar gewichten. Erst recht muss das für die Gesamtheit der Auswanderer gelten.

Sicher ist in den meisten Fällen, dass der Entschluss zur Auswanderung keine spontane Entscheidung war. Er stellte vielmehr in der Regel das Ergebnis reiflicher Überlegung dar und wurde erst nach umfangreichen Vorbereitungen in die Tat umgesetzt. Auswanderung war in den wenigsten Fällen der sprichwörtliche Sprung ins kalte Wasser. Ludwig Dilger hatte Freunde, die vor ihm nach Amerika gegangen waren, und zu denen er in engem brieflichem Kontakt stand. Wie die meisten Auswanderer wusste er deshalb, was ihn an seinem Ziel erwartete. Und die Fremde wurde ihm schnell zur Heimat, weil er jenseits des Atlantiks viele andere Deutsche traf, unter denen er sich ein Stück weit wie zu Hause fühlte.

Diese „Heimat fern der Heimat“, die Ludwig Dilger unter den deutschen Auswanderern in Amerika fand, feierte er in einem Gedicht, das er um den Jahreswechsel 1880/81 seinem ersten Brief aus den USA nach Hause beilegte. Darin hieß es in zeittypischem Pathos:

Die Achtung, die ihr euch erstritten
In eurem neuen Wirkungskreis
Dankt ihr den alten deutschen Sitten
Dem angeerbten deutschen Fleiß ...
Ihr pflanztet mit der deutschen Eiche
In's neue Heim den Weihnachtsbaum
Es ragen seine grünen Zweige
In euren holden Jugendtraum.
Ja, deutsche Treu wird ewig währen
Sie schlingt ein unzertrennlich Band
Vereinend beide Hemisphären
Das alt' und neue Heimatland.

Die besondere Betonung des deutschen Elements in dem Gedicht deutet freilich an, dass die in ihm besungene, romantisch verklärte „Vereinigung“ der „alten und neuen Heimat“ eine deutliche Schlagseite zur alten hatte. Die erste Generation der deutschen Einwanderer in den USA, zu denen Ludwig Dilger gehörte, hatte wenig Kontakte zu Gruppen von Immigranten anderer Herkunft. Sie „integrierte“ sich also nicht, sondern blieb weitgehend unter sich. Gleichzeitig hielt die erste Generation oft enge Verbindung mit Verwandten und Bekannten in Deutschland. Dilger etwa schrieb mehr als vierzig Jahre lang Briefe in die alte Heimat.

Nicht selten führten solche engen Kontakte zu sogenannten Kettenwanderungen. Dann machten sich im Lauf von mehreren Jahren ganze Familien auf die Reise über den Atlantik. Manche schickten systematisch einzelne Mitglieder sozusagen als Kundschafter voraus, um den Boden zu bereiten. In einigen Fällen kam es sogar zur Verpflanzung halber Dörfer aus dem Rheinland oder aus Westfalen in den mittleren Westen der USA. So wanderten große Teile der Einwohnerschaft des Dorfes Lank bei Krefeld, aber auch von Wiedenbrück und Beckum im Raum Paderborn nach Osage County in Missouri aus. Mechernicher ließen sich besonders zahlreich in Wisconsin nieder. Dorfbewohner aus dem Regierungsbezirk Aachen siedelten sich häufig in Texas an. Der Ort Melle bei Osnabrück wurde von Auswanderern in Ohio gleich noch einmal gegründet, während Emigranten aus dem Nachbardorf Rödinghausen sich ebenfalls in Ohio, in Pemberville, und in der Siedlung Bear Creek in Indiana niederließen. Minden entstand in Nebraska ein zweites Mal, New Minden in Illinois.

Als im späten 19. Jahrhundert der Höhepunkt der Auswanderungswelle erreicht wurde, war es freilich zunehmend schwierig geworden, in den USA noch Land zu erwerben. Die Möglichkeiten zur „Erschließung“ von „Neuland“, was in der Regel tatsächlich auf Kosten der indianischen Ureinwohner ging, waren in den 1880er Jahren weitgehend erschöpft. Einwanderer aus Deutschland kamen außerdem immer weniger aus ländlichen Gegenden wie noch in früheren Jahrzehnten, sondern mehr aus Industriestädten wie Ludwig Dilger. Sie ließen sich nun zunehmend in Städten nieder.

Dilger ging nach St. Louis. Dort war er bis zu seinem siebzigsten Lebensjahr, 1933, nahezu kontinuierlich in den Adressbüchern zu finden. Als er Anfang der 1880er Jahre einwanderte, galt St. Louis schon geraume Zeit als „deutsche“ Stadt, wie auch Chicago, Milwaukee oder Cincinnati. Etwa ein Drittel der Stadtbevölkerung waren Einwanderer aus deutschsprachigen Gebieten oder deren Kinder. Im wirtschaftlichen Leben der Stadt spielten sie eine wichtige Rolle. Nicht zuletzt dominierten sie in der Brauereibranche, deren Erzeugnisse allerdings auch von Einwohnern anderer Herkunft gern genossen wurden.

Die deutschsprachigen Einwanderer wohnten in St. Louis wie in den meisten amerikanischen Städten nicht in besonderen Stadtteilen. Äußerlich fielen sie im Straßenbild gegenüber Immigranten aus Großbritannien oder Irland, die damals noch die größten Bevölkerungsgruppen stellten, nicht auf. Sogar ihre Namen hatten viele anglisiert: Aus Ludwig Dilger wurde so bald schon Louis Dilger; hier und da verschwand klammheimlich ein Umlaut; und hin und wieder verwandelte sich auch ein Herr Schmidt in einen Mr. Smith.

Dennoch bildete die deutschsprachige Einwandererbevölkerung zumindest der ersten Generation ein eigenes Milieu, eine deutsch-amerikanische „community“. Wenn Westfalen, Schwaben, Schweizer und Ostpreußen sich diesseits des Atlantiks keiner Gemeinsamkeiten bewusst gewesen waren – in den USA begannen sie sich als Gemeinschaft zu sehen. Die Kirchengemeinden waren meist die ersten Keimzellen dieser deutschen „communities". Gottesdienste in der Muttersprache und nach gewohntem Ritus blieben vor allem den in Europa Aufgewachsenen lange ein Bedürfnis.

Die Kirchengemeinden betrieben dann häufig Konfessions- und Privatschulen, die der nachwachsenden Generation mit dem Glauben der Eltern auch deren Kultur und Sprache vermitteln sollten. Nicht selten beabsichtigten Einwanderer damit sogar, einer „Amerikanisierung" der Jugend vorzubeugen. Die aufgeregte Diskussion über die vermeintlichen Gefahren einer solchen „Amerikanisierung", die in der deutsch-amerikanischen Presse stattfand, führt die Neigung zur kulturellen Separation besonders deutlich vor Augen.

Die Einwanderer aus dem deutschen Sprachraum zeigten auch in den Institutionen der höheren Bildung Präsenz. Die vom Mittelrhein stammenden Eberhard Anheuser und Adolphus Busch, die 1870 in St. Louis eine Brauerei gegründet hatten, stifteten an der Universität einen Lehrstuhl für Germanistik. Dessen Inhaber ließ 1900 stolz verlauten, dass fast die Hälfte der Studenten Kurse in deutscher Sprache oder Literatur belegten.

Schließlich zeichneten sich die deutschen „communities" in amerikanischen Städten auch durch ein eigenes, weit verzweigtes Vereinswesen aus. Zahlreiche wohltätige Organisationen kümmerten sich um Neuankömmlinge aus dem deutschen Sprachraum. Sie leisteten Hilfe bei der Wohnungssuche, vermittelten Arbeitsstellen oder gaben Bedürftigen Unterstützung. Andere Vereine dienten eher geselligen Zwecken, aber ebenso der Pflege von aus der Heimat vertrauten Traditionen. So übten Gesangvereine deutsche Lieder und trugen sie auf

Festen vor. Turn- und Schützenvereine betrieben nicht nur Sport, sondern auch vielfältig kulturell aufgeladene Rituale, bis hin zum gemeinsamen Biertrinken.

Viele deutsche Arbeiter engagierten sich wie Ludwig oder Louis Dilger in gewerkschaftlichen und politischen Organisationen. Vor allem der Sozialismus war in den USA des späten 19. und frühen 20. Jahrhunderts eine größtenteils von Einwanderern aus dem deutschen Sprachraum getragene Bewegung. Kandidaten und Anhänger sozialistischer Parteien trugen ganz überwiegend deutsche Namen. Auch in der anarchistischen Bewegung und einigen Gewerkschaften war der Einfluss von Deutschamerikanern hoch.

Kirchen, Schulen, Vereine, daneben auch manche politischen Organisationen waren das Rückgrat der deutschen „communities" in amerikanischen Städten. Ihr Sprachrohr waren Zeitungen. In St. Louis etwa erschienen Ende der 1890er Jahre allein fünf deutschsprachige Tageszeitungen. Dazu kamen noch eine ganze Reihe wöchentlich oder monatlich erscheinender Publikationen in deutscher Sprache.

An den Zeitungen und Zeitschriften lassen sich freilich auch am deutlichsten Niedergang und Auflösung des deutschamerikanischen Einwanderermilieus in den USA ablesen. Um die Wende zum 20. Jahrhundert begannen ihre Auflagen zu sinken. Mehr und mehr stellten das Erscheinen ein. Zwischen 1897 und 1910 ging beispielsweise die Zahl der deutschsprachigen Tageszeitungen in St. Louis von fünf auf nur noch zwei zurück. Auch die Mitgliederzahlen deutscher Vereine sanken. Viele Vereine lösten sich sogar ganz auf, oder sie öffneten sich für andere ethnische Gruppen und verloren damit ihren Milieucharakter. Was war der Grund für den daran ablesbaren Zerfall der deutschsprachigen „communities" in Nordamerika?

Seit Mitte der 1890er Jahre ließ der Zustrom von deutschen Auswanderern in die USA stark nach. Auf dem Höhepunkt der Emigrationswelle im Jahrzehnt zuvor hatten zeitweilig in einem einzigen Jahr bis zu einer Viertelmillion Deutsche ihre Heimat in Richtung Amerika verlassen. Nun waren es in keinem Jahr noch mehr als 50.000. Die Auswanderung aus den preußischen Provinzen Rheinland und Westfalen ging ähnlich stark zurück. Insgesamt emigrierten zwischen 1844 und 1910 rund 400.000 Bewohner der beiden Provinzen nach Übersee. Das bevölkerungsreichere Rheinland stellte dabei in absoluten Ziffern den größeren Anteil; gemessen an der Einwohnerzahl war die Neigung zum Auswandern allerdings bei den Westfalen vergleichsweise etwas höher. Hatten während der 1880er Jahre aber noch durchschnittlich 8500 Menschen pro Jahr die beiden Provinzen mit dem Ziel USA verlassen, waren es im Jahrzehnt nach 1895 jährlich nicht einmal mehr 2500.

Die Ursachen dafür sind vielfältig. Mitte der 1890er Jahre endete die als „Große Depression" bekannte Phase konjunktureller Krisen. Eine wirtschaftliche Hochkonjunktur setzte ein, die bis zum Ersten Weltkrieg andauerte. In ihr gewann die deutsche Industrialisierung, die eines ihrer wichtigsten Zentren an Rhein und Ruhr hatte, beträchtlich an Dynamik. Mit der Aufhebung des Sozialistengesetzes 1890 wurde auch das politische Klima im Deutschen Reich liberaler. Diesseits des Atlantiks hellten sich damit die wirtschaftlichen und politischen Aussichten auf. Gleichzeitig wurde es in Amerika immer schwieriger, Land zu erwerben, und eine Auswanderung damit weniger verlockend.

Weil neue Zuwanderer mehr und mehr ausblieben, veränderte sich die Natur der deutschen „communities" in den USA. Die Kontakte zur alten Heimat wurden zusehends schwächer. Vor allem aber nahm die Zahl der noch in

Deutschland geborenen Migranten der ersten Generation ab. In St. Louis hatte sie 1890 ihren Höhepunkt erreicht. Seitdem ging sie zurück, bis 1920 um mehr als die Hälfte. Dagegen stieg die Zahl der in Amerika geborenen Kinder deutscher Einwanderer steil an. 1890 war das Verhältnis zwischen erster und zweiter Generation noch etwa ausgeglichen gewesen. 1920 waren bereits vier Fünftel der Deutschamerikaner von St. Louis in den USA zur Welt gekommen.

Diese zweite Migrantengeneration, in Amerika aufgewachsen, hatte keine direkte emotionale Bindung an die ferne Heimat ihrer Eltern. Zu den von diesen mühsam aufgebauten „communities" hatte sie ein gemischtes Verhältnis: Oft nahmen ihre Mitglieder die deutschsprachigen Vereine, Kirchengemeinden und Privatschulen nicht zuletzt als Institutionen sozialer Kontrolle durch die Elterngeneration wahr – was ja auch durchaus zutraf. Konsequenterweise brachen sie zunehmend aus dem Milieu aus. Viele heirateten Angehörige anderer ethnischer Gruppen. Mit ihren Partnern sprachen sie dann englisch, und ihre eigenen Kinder schickten sie in der Regel auf englischsprachige Schulen. Wachsender amerikanischer Nationalismus, von der angelsächsischen Elite zur Forderung nach Anpassung an die eigenen kulturellen Standards instrumentalisiert, verstärkte noch diese Tendenz zur Anpassung, zur Assimilation.

Der Erste Weltkrieg führte den Druck von außen auf den Höhepunkt. Unter ihm brachen die von innen bereits ausgehöhlten deutsch-amerikanischen „communities" zusammen. Als die USA 1917 in den Krieg gegen die vom Deutschen Reich angeführten Mittelmächte eintrat, gerieten Repräsentanten deutscher Kulturorganisationen unter den pauschalen Verdacht des Landesverrats. Deutsch wurde als Schulfach aus den Lehrplänen verbannt, deutsch-amerikanische Vereine aufgelöst, gelegentlich selbst deutsche Bücher aus Bibliotheken und Büchereien entfernt. Es kam zu vereinzelten deutschfeindlichen Ausschreitungen. Ein als Spion verdächtigter Auswanderer wurde nicht weit von St. Louis sogar gelyncht. Amerikaner deutscher Abstammung reagierten mit dem Rückzug aus der Öffentlichkeit und der Verleugnung ihrer Wurzeln. Selbst in lutherischen Kirchengemeinden begannen Pfarrer auf Englisch zu predigen.

Nach dem Weltkrieg ließ die antideutsche Hysterie in der amerikanischen Öffentlichkeit nach. Während der 1920er Jahre nahm auch die Zahl der Zuwanderer aus Deutschland vorübergehend wieder zu: Auf dem Höhepunkt der Hyperinflation von 1923 waren es noch einmal über 100.000. Insgesamt kamen im Jahrzehnt nach dem Ersten Weltkrieg knapp eine halbe Million Menschen aus dem Deutschen Reich in die Vereinigten Staaten, etwa ein Zehntel davon aus Westfalen und dem Rheinland. Die deutsch-amerikanischen „communities" entstanden jedoch nicht wieder, und die USA schlossen ihre Grenzen nun zunehmend gegen Immigranten. Während der späten 1930er und 1940er Jahre fanden hauptsächlich nur noch politisch oder aus „rassischen" Gründen verfolgte Flüchtlinge, zum größten Teil Juden, hier Zuflucht. Als der Zweite Weltkrieg erneut eine amerikanisch-deutsche Konfrontation brachte, stellte sich für die Nachfahren deutscher Einwanderer die Frage nicht mehr, wem ihre Loyalität gehörte: Das nationalsozialistische Deutschland war auch ihr Feindbild.

Wie in der ersten stieg auch in der zweiten Nachkriegszeit die Zahl der deutschen Einwanderer in die USA erneut an: Noch einmal eine halbe Million Deutsche emigrierten während der 1950er Jahre nach Amerika. Ein beträchtlicher Teil davon waren Vertriebene aus Osteuropa oder Flüchtlinge aus der DDR, die hier ein besseres Auskommen zu finden hofften als in der zunächst noch arg kriegszerstörten Bundesrepublik. Je mehr jedoch im Aufschwung des „Wirtschaftswunders“ die Narben des Krieges verheilten, desto mehr ging die Neigung zur Auswanderung in das „Land der unbegrenzten Möglichkeiten“ wieder zurück. Seit den 1970er Jahren hat sie sich auf dem relativ niedrigen Stand eingependelt, der nach dem Abebben der großen Auswanderungswelle am Anfang des 20. Jahrhunderts schon einmal erreicht war.

Ein beträchtliche Zahl von Amerikanern führt seine Herkunft heute gerne auf deutsche Einwanderer zurück. Im alltäglichen Leben, in kulturellen Praktiken oder im Hinblick auf Sprachkenntnisse zeigt das freilich keine Konsequenzen. Deutsche Abstammung führt allenfalls entweder zu antiquarischem Interesse an Familienforschung. Oder sie begründet ein Interesse an Volksfesten mit Lederhosenromantik und Weißwurstbuden, produziert also ein ganz und gar verkitschtes Deutschlandbild. Der eigene Migrationshintergrund beschwört – außer unter dem Einfluss von Bierseligkeit – keine Emotionen mehr herauf. Er ist in mehr als einem Wortsinn Geschichte geworden.

Auch diesseits des Atlantiks ist die Auswanderung von Deutschen nach Amerika Geschichte geworden – verblasste Vergangenheit, für die sich in der Regel nur noch Genealogen und Historiker interessieren. Denn während im 19. Jahrhundert unter dem Strich Hunderttausende Menschen allein aus dem Rheinland und aus Westfalen ihrer alten Heimat auf Dauer den Rücken kehrten, wechselte die Hauptrichtung der Wanderungsbewegung danach. Im 20. Jahrhundert wurde Deutschland zum Einwanderungsland. Und das machte sich gerade in der Landschaft an Rhein und Ruhr besonders bemerkbar.

III. Mobilisierung durch Industrialisierung: Arbeitswanderung in und nach Rheinland-Westfalen vor 1914

Der millionenfache Exodus in die Neue Welt, so spektakulär er ist, wirkt doch bescheiden im Vergleich mit einer anderen Wanderungsbewegung des späten 19. und frühen 20. Jahrhunderts: der Migration vom Land in die Städte. Sie begann in Deutschland um 1850, parallel zum Durchbruch der Industrialisierung. Als größte Bevölkerungsbewegung der deutschen Geschichte war sie unabdingbare Voraussetzung für diesen Durchbruch. Hielt sich ihr Umfang zunächst noch in Grenzen, verstärkte sie sich doch unübersehbar seit den 1880er Jahren. Und zwischen dem letzten Jahrzehnt des 19. Jahrhunderts und dem Ersten Weltkrieg wurde sie zu einem Massenphänomen, für das es in Europa kein Vorbild gab.

Es hat zwar auch in vorindustriellen Gesellschaften beträchtliche Mobilität gegeben. Zwischen dem 17. und dem frühen 20. Jahrhundert war etwa ein Großteil der erwachsenen Männer aus Lippe als wandernde Ziegler unterwegs. Lippische Ziegler gab es bis zum Ersten Weltkrieg nicht nur in Westfalen und dem Rheinland, sondern auch in Norddeutschland, dem südlichen Skandinavien und bis nach Russland. Rund 14.000 von ihnen waren um 1900 Jahr für Jahr auf Wanderschaft. Diese Zahlen verblassen freilich hinter denen der Binnenwanderer, die um die Wende vom 19. zum 20. Jahrhundert aus dem Land in die Industriestädte zogen.

Kriege haben in der Vormoderne ebenfalls viele Menschen in Bewegung gesetzt. Auch die Massenwanderungen nach 1945, an denen Millionen teilnahmen, waren Folge von Kriegen. Die Binnenwanderung während des deutschen Kaiserreichs vollzog sich dagegen nicht nur im tiefsten Frieden. Sie nahm auch ein Ausmaß an, das vorher niemals erreicht wurde und das seitdem noch nicht wieder erreicht worden ist. Sie war also absolut beispiellos, und sie ist es bisher auch geblieben.

Ein paar Zahlen, um eine erste Vorstellung von den Größenordnungen zu vermitteln, mit denen wir es hier zu tun haben: Die letzte Volkszählung im Deutschen Reich vor dem Ersten Weltkrieg wurde 1905 vorgenommen. Sie ergab, dass von 60 Millionen in Deutschland geborenen Menschen fast 30 Millionen außerhalb der Gemeinde lebten, in der sie geboren worden waren. Und das, obwohl gut ein Drittel aller Deutschen damals jünger als 14 Jahre war. Statistisch gesehen hatte jeder zweite Deutsche an der Binnenwanderung teilgenommen. Allein in den preußischen Provinzen Rheinland und Westfalen galt das für fünf Millionen Menschen. Die Zahl dieser Binnenwanderer war 1905 hier mehr als zehnmal so hoch wie die aller während des gesamten 19. Jahrhunderts aus den beiden Provinzen Ausgewanderten.

Die Binnenwanderung entleerte die ländlichen Regionen und füllte die Industriestädte. Zwar kam es auch häufig vor, dass jemand aus der Stadt wieder aufs Land zurückwanderte. Angesichts der geringeren Entfernung geschah das wesentlich häufiger als bei Auswanderern nach Amerika. In der Regel waren solche Rückwanderungen aber nur vorübergehend. Wer beim ersten Versuch in der Stadt nicht Fuß gefasst hatte, etwa weil wegen schleppender Konjunktur keine Arbeitsstelle zu finden war, versuchte es bald noch einmal. Man blieb dann kurz bei Verwandten auf dem Land, um erneut sein Glück in der Stadt zu versuchen, wenn die Konjunktur wieder anzog.

Wie immer wanderten vor allem junge Leute. In Industriestädten war die Altersgruppe der 15- bis 30-Jährigen deutlich überrepräsentiert. Männer wanderten häufiger als Frauen: In den frühen Industriebetrieben war Körperkraft gefragt oder eine handwerkliche Ausbildung. Wenn Frauen allein vom Land in die Städte gingen, dann meist, um in Dienstleistungsberufen zu arbeiten – als Verkäuferin, als Hausangestellte, oder auch als Prostituierte. Oft folgten jedoch Frauen und Familien den zuerst in die Stadt gewanderten Männern nach, wenn diese dort eine einigermaßen dauerhafte Arbeitsstelle gefunden hatten.

Der Zuzug vom Land trug zwischen der Gründung des Deutschen Reichs und dem Ersten Weltkrieg zu einem beispiellosen Städtewachstum bei. Viele westfälische und rheinische Städte wuchsen dadurch besonders schnell. So stieg die Einwohnerzahl von Berlin zwischen 1875 und 1910 um mehr als das Doppelte, die von Leipzig und Magdeburg um über das Dreifache. Die Zahl der Düsseldorfer und Kölner jedoch vermehrte sich im selben Zeitraum um etwa das Vierfache, die der Duisburger, Bochumer und Oberhausener fast um das Fünffache. Im Ruhrgebiet wurde das stärkste Wachstum verzeichnet. Gelsenkirchen und Herne hatten 1910 sogar zehnmal so viel Einwohner wie 1875.

1. Vom Rand in die Mitte der Region

Wo genau kamen die Zuwanderer in die Städte her? Am spektakulärsten und deshalb auch am bekanntesten ist die

Fernwanderung: Dass zahlreiche Ostpreußen vor 1914 den weiten Weg ins Ruhrgebiet auf sich nahmen, um dort eine neue Heimat zu finden, ist weithin bekannt. Doch solche Formen der Fernwanderung waren nicht unbedingt repräsentativ. Tatsächlich kam die Mehrheit der Zuwanderer, die während des deutschen Kaiserreichs in die industriellen Zentren an Rhein und Ruhr zogen, aus den ländlichen Randregionen der beiden preußischen Westprovinzen Rheinland und Westfalen selbst.

In Köln, der größten Stadt der Rheinprovinz, war vor dem Ersten Weltkrieg die Zahl der Alteingesessenen und der zugezogenen „Imis“ etwa gleich groß. Von den Zugezogenen wiederum stammten in der rheinischen Metropole drei von fünf aus dem Rheinland, also aus der näheren Umgebung. Bezieht man auch Zugewanderte aus den benachbarten Regionen Westfalen und Hessen in diese Kategorie mit ein, so waren sogar vier Fünftel der Zugezogenen sogenannte Nahwanderer.

In den besonders schnell wachsenden Städten des Ruhrgebiets war das Einzugsgebiet tendenziell größer. Selbst hier überwog jedoch die Zuwanderung aus der Nähe. Vor dem Ersten Weltkrieg war jeweils eine knappe Mehrheit der Bewohner von Duisburg, Essen, Bochum, Dortmund und Gelsenkirchen nicht in der jeweiligen Stadt selbst geboren. Außer in Gelsenkirchen kamen jedoch die meisten Zugezogenen aus dem Rheinland oder aus Westfalen, waren also Nahwanderer. Werden auch Zuwanderer aus dem benachbarten Hessen als Nahwanderer gezählt, überwogen diese sogar in Gelsenkirchen knapp.

Die Fernwanderung begann erst seit den letzten Jahren des 19. Jahrhunderts eine größere Rolle zu spielen. Der Einzugsbereich der Städte vergrößerte sich langsam, je weiter die

Industrialisierung voranschritt. In den Städten des Regierungsbezirks Düsseldorf zum Beispiel kam bis in die 1860er Jahre der größte Teil der Zuwanderer sogar noch aus dem Bezirk selbst. Die Zuwandernden hatten meist nur einige Dutzend Kilometer zurückgelegt. In Verwaltungszentren wie Düsseldorf oder Städten mit altem Textilgewerbe wie Krefeld und Neuss wanderte nur etwa ein Viertel der Zugezogenen von außerhalb des Bezirks ein. Wo dagegen die neuen Industriebranchen der Metallverarbeitung und des Maschinenbaus boomten, wie in Wuppertal, in Essen und vor allem in Duisburg, vergrößerte sich der Einzugsbereich schnell.

Duisburg war seit den 1860er Jahren die erste Stadt im Düsseldorfer Regierungsbezirk, in der die Mehrheit der Zugezogenen nicht mehr aus dem Bezirk stammte. Die meisten kamen allerdings zunächst noch aus der preußischen Rheinprovinz. Erst in den letzten Jahren vor dem Ersten Weltkrieg begannen unter den zugewanderten Duisburgern die nicht im Rheinland Geborenen knapp zu überwiegen – wobei darunter wiederum viele aus dem benachbarten Westfalen kamen.

In den westfälischen Ruhrgebietsstädten war der Anteil der Fernwanderer vergleichsweise höher als im Rheinland. Seit den 1890er Jahren zogen dort vor allem viele Migranten aus den preußischen Ostprovinzen zu. Diese sammelten sich besonders in den schnell wachsenden Bergbaustädten wie Gelsenkirchen. Selbst dort stammte aber vor dem Ersten Weltkrieg mehr als die Hälfte der Bevölkerung aus Westfalen.

Außerhalb der großen Industriezentren überwog in Westfalen wie im Rheinland die Nahwanderung noch deutlicher. Das galt auch für große Dienstleistungs- und Verwaltungszentren wie die westfälische Provinzhauptstadt Münster: Vor 1900 waren drei von vier der in ihr lebenden Zuwanderer in nächster Nähe der Stadt geboren und höchstens aus einer Entfernung von 100 Kilometer zugezogen. Mit zunehmender Distanz büßte Münster dagegen stark an Anziehungskraft ein. Die Zahl der Fernwanderer aus Ostpreußen etwa war hier verschwindend gering.

Die Nahwanderer entstammten meist den unteren Schichten der Landbevölkerung. In der Mehrzahl handelte es sich um Landarbeiter, Pächter, Handwerksgesellen oder Dienstboten. Sie gehörten also überwiegend zu den Gruppen, aus denen sich auch die Amerika-Auswanderer rekrutierten. Tatsächlich liefen die Wanderungsbewegungen nach Übersee und in die nächstgelegenen Städte bis in die 1890er Jahre weitgehend parallel.

Selbst die Motive waren teilweise dieselben. Auch bei der Wanderung von den ländlichen Randgebieten in die industriellen Zentren des Rheinlands und Westfalens spielte die Hoffnung auf Verbesserung der eigenen wirtschaftlichen Lage eine große Rolle. Dazu kam häufig ebenfalls das Streben nach Befreiung von der Bevormundung durch die Eltern oder Arbeitgeber, und von den engen Konventionen dörflichen Lebens. Wie die USA verhießen auch die Städte mehr Freiheit und die Chance sozialen Aufstiegs.

Ob diese Verheißung hier wie dort eingelöst wurde, stand auf einem anderen Blatt. Die Nahwanderer in die Städte mussten jedenfalls in der Regel akzeptieren, dass sie auch in der neuen Heimat untergeordnete Tätigkeiten ausüben mussten. Materiell standen sie sich verhältnismäßig schlechter als die alteingesessenen Stadtbewohner. Ein sozialer Aufstieg gelang den wenigsten sofort. Das galt allerdings für die nach Übersee Ausgewanderten oft ebenfalls.

Freilich war die Rückkehr in die dörfliche Heimat aus der benachbarten Industriestadt einfacher als von jenseits des

Atlantiks. Es dürfte deshalb nicht zuletzt etwas mit persönlicher Risikobereitschaft zu tun gehabt haben, welchen Weg ein Abwanderer vom Land wählte. In Münster zogen zwischen 1880 und 1900 insgesamt 120.000 Menschen zu. Im gleichen Zeitraum verließen aber auch 100.000 die Stadt wieder, um in ländliche Gegenden zurückzukehren. Vor allem für unvermögende Landbewohner war die Nahwanderung über möglichst kurze Strecken ein kalkulierbares Wagnis mit doppeltem Boden. Etwas wagemutiger waren besser ausgebildete oder wohlhabendere Nahwanderer. Handwerksmeister und Facharbeiter legten bei der Wanderung von den ländlichen Rändern in die wachsenden städtischen Zentren des Rheinlands und Westfalens durchschnittlich weitere Entfernungen zurück als andere Arbeitsmigranten. Ihre Zahl war zwar geringer als die der an der Nahwanderung beteiligten Landarbeiter, Pächter und Dienstboten, aber immer noch beträchtlich.

Einer von ihnen war Simon Nonn aus Brohl am Rhein. Auf halbem Weg zwischen Bonn und Koblenz gelegen, gehört der Ort heute zu Rheinland-Pfalz. Zum Zeitpunkt der Geburt von Simon Nonn 1851 war die Gegend um Brohl Teil der preußischen Rheinprovinz. Seine Vorfahren waren seit Generationen in dem Dorf ansässig. Vater, Großvater und Urgroßvater waren dort geboren worden und gestorben. Alle hatten Frauen aus Nachbardörfern geheiratet, wie Simon Nonn auch. Alle hatten ihren Lebensunterhalt als Bauern verdient.

Simon Nonn tat das ebenfalls. Gelegentlich besserte er die Haushaltskasse notgedrungen dadurch etwas auf, indem er selbst geerntetes Getreide zu Brot verarbeitete und verkaufte. Denn sein Bauernhof war klein. Und seit er ihn Anfang der 1880er Jahre von seinem Vater übernommen hatte, waren die

Preise für Getreide immer wieder gesunken, weil es aus Amerika billiger importiert wurde. Gleichzeitig wuchs seine Familie schnell.

In den 1890er Jahren hörte Simon Nonn, wahrscheinlich von dorthin abgewanderten Brohlern, dass in den schnell wachsenden Städten des Ruhrgebiets als Bäcker gutes Geld zu verdienen war. Daraufhin verkaufte er seinen Hof und erwarb in Duisburg ein kleines Haus mit Schuppen, den er zu einer Bäckerei umbaute. 1897 oder 1898 belud er sein Pferdefuhrwerk in Brohl zum letzten Mal und machte sich auf die mehr als 150 Kilometer weite Reise an die Ruhr, zusammen mit seiner Frau und mittlerweile neun Kindern.

Zwei weitere Kinder wurden in den nächsten Jahren in Duisburg geboren. Der Bäckerladen florierte und warf bald genug Geld ab, um nicht nur die große Familie durchzubringen, sondern auch noch weitere Bäckereien zu eröffnen, die Simon Nonns Söhne dann übernahmen. Die Kontakte in die alte Heimat brachen aber offenbar zunächst nicht ganz ab: Zwei der Söhne heirateten Frauen aus der Brohler Umgegend. Erst unter den Angehörigen der nächsten Generation, die zwischen 1912 und 1935 nahezu alle in Duisburg oder seinen Nachbarstädten geboren wurden, scheinen die Beziehungen nach Brohl eingeschlafen zu sein. Jedenfalls heirateten Simon Nonns Enkel fast sämtlich Ehepartner aus Duisburg und Umgebung. Die meisten arbeiteten, wie es der Familientradition seit der Abwanderung aus Brohl entsprach, als Bäcker. Einer studierte freilich in Bonn Chemie und lernte dort an der Universität seine zukünftige Frau kennen. Das Paar ließ sich in Leverkusen nieder, wo er bei Bayer arbeitete. Ihr jüngerer Sohn, Simon Nonns Urenkel, wurde später Historiker.

2. Aus dem Osten in den Westen des Deutschen Reichs

Die Fernwanderung über regionale Grenzen hinweg war von geringerer Bedeutung als die Wanderung innerhalb der Regionen. Dennoch war auch ihr Umfang imposant. Sie führte vor allem Menschen aus den preußischen Ostprovinzen nach Westfalen und dem Rheinland. Die meisten von ihnen ließen sich im Ruhrgebiet nieder.

Schon im 18. Jahrhundert waren Bergleute aus dem Erzgebirge und Sachsen abgeworben worden, um in der zu Preußen gehörenden Grafschaft Mark zwischen Ruhr und Emscher nach Kohle zu schürfen. In den 1860er Jahren setzte eine Zuwanderung aus den oberschlesischen Bergwerken ein. Doch erst zwischen den 1890er Jahren und dem Beginn des Ersten Weltkriegs 1914 wurde die Ost-West-Wanderung eine wahre Massenbewegung. Hunderttausende fanden vor allem aus Ostpreußen den Weg ins Ruhrgebiet. Dazu kamen zahlreiche Abwanderer aus Pommern, Posen, Westpreußen, Schlesien und Brandenburg. Mehr als eine halbe Million Menschen, die 1907 in Westfalen und dem Rheinland lebten, waren in diesen preußischen Ostprovinzen geboren worden. In Bergbaustädten wie Gelsenkirchen, Wanne und Wattenscheid war 1905 ungefähr jeder vierte Einwohner aus Ostpreußen, Posen oder Westpreußen gebürtig. Noch einmal gut eine halbe Million stammte aus anderen Teilen des Deutschen Reichs.

Die massenhafte Abwanderung vor allem aus dem preußischen Osten hatte besondere lokale Gründe, die allgemein wirkende Motive – wie das Streben nach wirtschaftlicher Verbesserung und Freiheit – ergänzten. Die Agrarstruktur von Provinzen wie Ostpreußen war durch die Vorherrschaft von großen Gütern geprägt. Die Bauernbefreiung hatte im Lauf des 19. Jahrhunderts paradoxerweise diese Struktur noch verstärkt, weil die kleinen Bauern sich von Frondiensten für die Gutsherren oft durch Abgabe von Land freikauften. Dann kam am Ende des Jahrhunderts die schon erwähnte Wirtschaftskrise. Unter dem Konkurrenzdruck von billigen Getreideimporten aus Übersee, die den Marktpreis für Agrarprodukte senkten, rationalisierten und ökonomisierten die Gutsherren ihre Höfe. Sie ersetzten Handarbeit durch den Einsatz von Maschinen und dauerhaft beschäftigte einheimische Landarbeiter durch nur zur Ernte angestellte Saisonkräfte aus Polen.

Für die abhängig Beschäftigten wurde es deshalb immer schwieriger, sich und ihre Familien durchzubringen. Gleichzeitig stieg die Bevölkerungszahl an. Industrielle Arbeitsplätze entstanden besonders im preußischen Nordosten aber nur wenige. Im Westen lockten dagegen Verdienstmöglichkeiten in der Industrie. Anders als in der heimischen Landwirtschaft waren diese industriellen Arbeitsplätze zudem saisonstabil, boten sie doch auch im Winter Beschäftigung.

Die relative wirtschaftliche Sicherheit, die sich für die Zuwanderer aus dem Osten in den westfälischen und rheinischen Industriestädten ergab, hatte allerdings auch ihren Preis. Wie zunächst schon die Nahwanderer vom ländlichen Rand des Rheinlands und Westfalens übernahmen auch die Fernwanderer die einfachsten Arbeiten. Sie bildeten eine neue Unterschicht. Von je weiter weg die Menschen zuwanderten, desto eher wurden sie in Industrie und Handwerk beschäftigt, wo durchschnittlich weniger verdient wurde als im Handel oder in anderen Dienstleistungen. Die Fernwanderer waren auch weit überproportional als Arbeiter beschäftigt, während es unter den Nahwanderern etwas mehr und unter den Alteingesessenen deutlich mehr Selbstständige gab.

Besonders in den explosionsartig wachsenden „Industriedörfern“ an der Ruhr entstand so eine zunehmend differenzierte Sozialstruktur. An der Spitze der gesellschaftlichen Hierarchie standen die Alteingesessenen. Sie waren durch den Verkauf von Boden an Industriebetriebe und die Vermietung von Wohnraum an die zugezogenen industriellen Arbeitskräfte zu Geld gekommen. Gut ausgebildete oder angelernte und dadurch sozial aufgestiegene Fachkräfte, die sich meist aus den früher eingetroffenen Nahwanderern rekrutierten, stellten eine dünne Mittelschicht. Die breite Unterschicht waren Ungelernte, zu denen vor allem das Gros der Fernwanderer aus dem Osten gehörte.

Unzufriedenheit mit dieser sozialen Lage trug zu einer hohen Fluktuation der Bevölkerung in den Städten bei. Die Industriestädte, die die Zuwandernden in erster Linie aufnahmen, kann man in diesen Jahrzehnten vergleichen mit riesigen Pumpen. Sie saugten einen gewaltigen Zustrom von Einwohnern an. Aber den größten Teil davon spieen sie in kürzester Zeit wieder aus, und diese Leute wanderten weiter – in andere Industriestädte, immer auf der Suche nach besseren Arbeitsplätzen.

Die Mehrheit dieser hochmobilen Arbeiter blieb weniger als ein Jahr, ehe sie weiterwanderte. Eine vergleichsweise kleine Minderheit blieb etwas länger. Und noch weniger ließen sich auf Dauer nieder. Besonders die Industriestädte im Ruhrgebiet hatten zunächst nur einen kleinen Kern stabiler Einwohnerschaft. Der wuchs zwar auch an. Aber ein Vielfaches an Menschen blieb nur kurz. Die meisten zogen wie Nomaden durch eine Stadt nach der anderen, bis sie sich endlich am Ende der langen Wanderung dauerhaft niederließen.

So vermehrte eine Stadt wie Duisburg ihre Einwohnerzahl während des Kaiserreichs unter dem Strich bereits um das

Fünffache. Wo in den 1870er Jahren gut 70.000 Menschen wohnten, waren es zu Beginn des Ersten Weltkriegs 400.000. Im selben Zeitraum hatten aber ungefähr zehnmal so viele Menschen dort vorübergehend gewohnt und die Stadt wieder verlassen. Etwa vier Millionen Menschen waren dort hingezogen – und nach meist kurzer Zeit wieder weitergewandert, um in einer benachbarten Stadt einen besseren Job zu finden.

Was bedeutete das für die Menschen? Wir können es meistens nur erahnen. Traditionelle Bindungen und Beziehungen lösten sich. Die Menschen wurden häufig aus ihren familiären, verwandschaftlichen und nachbarschaftlichen Netzwerken herausgerissen. Auch alte Herrschaftsbeziehungen und Autoritäten wurden damit über den Haufen geworfen. Das hatte private Folgen, aber auch gesellschaftliche.

Vielen bürgerlichen Zeitgenossen machte vor allem Sorge, dass sich die Familienbindungen zumindest vorübergehend stark lockerten. Ein evangelischer Pfarrer im industrialisierten Westen Deutschlands formulierte solche Bedenken um 1900 auf repräsentative Weise. Dem „modernen Industriearbeiter", klagte er, „fehlen oft die Familienbeziehungen. Er ist aus einer weit entfernten Gegend zugewandert, hat sich ansässig gemacht, eine Familie gegründet, und ist dadurch ganz außer Beziehung mit seinen Eltern, Geschwistern und sonstigen Verwandten gekommen. Auch wenn er es möchte, kann er sie nicht besuchen; denn zu einer Eisenbahnfahrt, vielleicht den größten Teil Deutschlands hindurch, reichen selten die Mittel. Ein aus Pommern und Schlesien stammender Mann, der sich im deutschen Westen angesiedelt hat, kommt ganz außer Beziehung zu seiner Familie. Wenn der eine Bruder in Köln, der andere in Breslau, der dritte in Kiel wohnt, so ist von gegenseitigen Beziehungen nicht mehr die Rede. Der Verkehr beschränkt sich auf den Austausch von Ansichtspostkarten. Ich fragte einmal eine alte Frau, deren Sohn ich vor Jahren getraut hatte, nach dessen Ergehen. Da sagte sie mir: ‚Ach, er hatte ein paar Jahre lang nicht mehr geschrieben, aber in der vorigen Woche habe ich eine Karte von ihm bekommen.‘ Ich las die Karte, sie lautete: ‚Liebe Mutter! Es geht mir gut. Habe drei Kinder, zwei tot. Gruß Dein Sohn Heinrich.‘ – Oft aber weiß man in solchen Familien gar nichts mehr voneinander. So sagte mir einst ein Fabrikarbeiter, er wisse nicht, ob sein Vater noch lebe. Ich fragte einmal in der Schule die Kinder: ‚Wer von euch weiß etwas von seinen beiden Großvätern zu erzählen?‘ Von 70 meldeten sich ungefähr sieben. Die allermeisten wussten nicht, wo die Großväter gewohnt hatten, wer sie gewesen waren und wie sie mit dem Vornamen geheißen hatten“.

Zeitgenossen wie dem hier zitierten Pfarrer stach vor allem die „Heimatlosigkeit“ der Wandernden ins Auge. Sie interpretierten die Binnenwanderung deshalb meist als einen Prozess der Entwurzelung, die in Orientierungslosigkeit führte. In der Abwesenheit oder Auflösung stabilisierender Bindungen sahen sie das graue Elend einer anonymen „Massengesellschaft“. Tatsächlich waren die Belastungen und Nöte, die mit der Wanderung verbunden waren, sicher enorm. Die damit verbundenen psychischen Leiden, die sozialen Kosten der Verstädterung und Industrialisierung – sie alle wird heute keiner mehr unterschätzen.

Aber man muss auch die andere Seite der Medaille sehen. Die Städte übten eine gewaltige und anhaltende Anziehungskraft auf die Menschen aus. Sonst wäre es zu der Wanderungsbewegung ja gar nicht gekommen. Stadt und Industrie verhießen Arbeitsplätze. Die gab es in den ländlichen Regionen immer weniger. Und tatsächlich konnte man in der Industrie weitaus mehr verdienen als in der Landwirtschaft.

Die Städte boten außerdem auch nichtmaterielle Vorteile: Für viele boten sie vor allem mehr Lebensqualität. Seit den letzten Jahren des 19. Jahrhunderts war die Sterblichkeit in den Städten durchschnittlich geringer als auf dem Land – eine Folge besserer ärztlicher Versorgung und des Ausbaus von Kanalisationen. In der freien Zeit fand man in den Städten ein reicheres Vergnügungs- und Kulturangebot. Sie boten eine Zuflucht vor rigider dörflicher Sozialkontrolle. Stadtluft, glaubte man, mache noch immer frei.

Außerdem waren die Zuwanderer in den Städten oft gar nicht so isoliert, wie es auf den ersten Blick schien. Es ist wohl richtig, dass Familienbeziehungen oft früher oder später abbrachen. Noch häufiger aber wanderten ganze Familien. Wie im Fall der Amerika-Auswanderung oder der innerregionalen Nahwanderung zogen zwar auch aus den preußischen Ostprovinzen in der Regel zuerst einzelne Familienmitglieder in die industriellen Zentren an Rhein und Ruhr. Meist waren das jüngere Männer. Doch Frauen und Kinder folgten oft nach. Nicht selten waren es ganze Familienclans, die in einem solchen langsamen Wanderungsprozess verpflanzt wurden.

Aus manchen ostpreußischen Dörfern wanderte so in einigen Jahren die Mehrheit der Bevölkerung nahezu geschlossen in Städte des Ruhrgebiets ab. Dort wohnten sie zusammen im selben Stadtteil, besuchten dieselben Kirchen und dieselben Kneipen. Man gründete eigene Vereine, in denen man unter sich blieb, züchtete zusammen Tauben, bestellte zusammen Schrebergärten. Man sprach seinen ostdeutschen Dialekt, das im südlichen Ostpreußen gesprochene Masurisch – oder auch Polnisch.

3. Die „Ruhrpolen“

In einem kleinen Dorf in der preußischen Provinz Posen, wo die Mehrheit der Bevölkerung Polnisch spricht, wird 1884 ein Junge geboren, den seine Eltern auf den Namen Jakob Wojciechowski taufen lassen. Schon mit 15 Jahren verlässt Jakob die Heimat, um seinen Lebensunterhalt zu verdienen. Wie bereits sein Vater sucht er zunächst Arbeit in der Umgegend von Berlin. Immer wieder wechselt er in den folgenden Jahren dann Aufenthaltsort und Arbeitsstelle. 1904 kommt Jakob Wojciechowski so von Hannover nach Dortmund. Aber dort findet er in keiner Fabrik eine Anstellung. Darum fährt er am nächsten Tag weiter nach Wanne, wo er einen früheren polnischen Arbeitskollegen vermutet. Als er aus dem Wanner Bahnhof tritt, läuft ihm ein anderer Pole über den Weg, den er noch aus Berlin kennt.

Die Kontakte zu Landsleuten aus der Heimat vermitteln ihm Arbeit und Unterkunft. Bei einer Familie, die wie er aus den polnischsprachigen Gebieten Preußens stammt, findet er eine Schlafstelle. Auf beengtem Raum werden dort schon fünf Verwandte der Familie beherbergt. Alle sprechen Polnisch. Wojciechowski wundert sich: Warum hat die Familie dennoch eine deutschsprachige Zeitung abonniert? Da erklärt ihm die Hausfrau, dass niemand die Zeitung liest. Sie dient nur zum Einwickeln von Brot: „Das ist eine gute Zeitung, sie hat genug Papier.“ Polnische Zeitungen wie der in Bochum erscheinende „Wiarus Polski“ seien dagegen zu dünn und zu teuer. Wojciechowski, der sich für die polnische Nationalbewegung begeistert, bringt ein solches polnisches Blatt mit und liest seinen Mitbewohnern daraus vor. Doch die zeigen gar kein Interesse.

Als noch ein Verwandter seiner Wirtsfamilie aus dem Osten eintrifft, muss Wojciechowski seine Schlafstelle räumen. Er kommt bei anderen Polen unter. Dort gefällt es ihm besser – unter anderem deshalb, weil er mit der Hausfrau ein Verhältnis anfängt. Außerdem sind die Mitbewohner ebenfalls polnisch-national gesinnt.

Im polnischen Turnverein, dem „Sokół“, lernt er Migranten der zweiten Generation kennen, die schon in Wanne geboren sind. Sie sprechen gleich gut Deutsch und Polnisch und fühlen sich an der Ruhr zu Hause. Aber auch Wojciechowski beginnt sich langsam dort heimisch zu fühlen. Schließlich trifft er ja immer wieder ehemalige polnische Arbeitskollegen, und im benachbarten Herne gibt es sogar Leute aus seinem Posener Heimatdorf. Mit anderen jungen Polen seines Alters geht er am Sonntag spazieren und wandern, nimmt an politischen Versammlungen teil, besucht in polnischer Sprache aufgeführte Theaterstücke.

Bei den daran anschließenden feuchtfröhlichen Zusammenkünften kommt es unter Alkoholeinfluss immer wieder zu Streit und Prügeleien darüber, wer mit den wenigen anwesenden polnischen Mädchen tanzen darf. Kontakte zu deutschen Frauen gibt es nicht. Gelegentlich fährt Wojciechowski mit anderen jungen Männern nach Essen in ein Bordell, um sich für etwas weniger als einen Tageslohn mit polnischen Prostituierten zu amüsieren.

Als überzeugter polnischer Nationalist ist Jakob Wojciechowski auch ein guter Katholik, der regelmäßig zum Gottesdienst geht. Doch als er versucht, seine Essener Sünden einem Priester zu beichten, ist er enttäuscht: Der Beichtvater in Wanne versteht kaum Polnisch. Überhaupt fühlt Wojciechowski sich von Seiten der deutschsprachigen Bewohner Wannes diskriminiert. Selbst an der Arbeitsstelle darf kein Polnisch gesprochen werden, obwohl es die Muttersprache des größten Teils der Arbeitskollegen ist.

Wojciechowski arbeitet zuerst auf der Zeche Pluto, die vor Ort als „Polenzeche" bekannt ist, weil die Mehrheit der Bergleute dort Polnisch spricht. Wie bei ihm schon üblich, wechselt er aber häufig seine Stelle: Nach drei Monaten fängt er bei der Kokerei der Zeche Shamrock an. Dann muss er kurzfristig in sein Heimatdorf, weil seine Mutter erkrankt ist. Nach Wanne zurückgekehrt, nimmt er relativ gut bezahlte Arbeit in der chemischen Fabrik der Zeche Shamrock an. Doch aus gesundheitlichen Gründen hört er da bald wieder auf und geht zum Gaswerk, wo er als Leitungsbauer ebenfalls recht gut verdient.

Dann beschimpft ihn ein Vorgesetzter als „lausiger Pole", der seine „Schnauze" halten solle. Wojciechowski lässt sich das nicht gefallen. Es kommt zu einer Schlägerei. Seine Stelle beim Gaswerk verliert er deswegen schließlich. Weil er als Pole von den deutschen Justizbehörden eine besonders harte Bestrafung erwartet, verlässt er Wanne im Juli 1905, nach insgesamt nur zehn Monaten.

Ein Jahrzehnt später, während des Ersten Weltkriegs, kommt er noch einmal ins Ruhrgebiet zurück und arbeitet auf einer Gelsenkirchener Zeche. In den 1920er Jahren kehrt er dem Deutschen Reich den Rücken und lässt sich im neu gegründeten polnischen Nationalstaat nieder. Dort schreibt er seine Lebenserinnerungen, aus denen wir über seine Zeit in „diesem fröhlichen polnischen Dorf Wanne" wissen.

Jakob Wojciechowskis hohe Mobilität, der beständige Wechsel von Ort und Arbeitsstelle, sind typisch für die Mehrheit der Arbeitsmigranten während der Industrialisierung und auch für die „Ruhrpolen" im deutschen Kaiserreich. Schon deshalb schwanken Zahlenangaben über die Größe dieser Gruppe. Die regelmäßigen Volkszählungen während des Kaiserreichs waren Momentaufnahmen. Sie suggerieren eine beständige Zunahme der Zahl Polnisch sprechender Bewohner des Ruhrgebiets vor dem Ersten Weltkrieg. Beim Ausbruch des Krieges 1914 gab es von ihnen demnach zwischen 350.000 und einer halben Million. Doch ein Vielfaches an polnischsprachigen Migranten hatte wie Wojciechowski nur kurze Gastspiele an der Ruhr gegeben.

Aber auch aus vielen anderen Gründen sind die „Ruhrpolen" eine unklare Größe. Schon der Begriff ist mehrdeutig. Einen polnischen Staat gab es zwischen dem Ende des 18. Jahrhunderts und 1918 nicht. Fast alle „Ruhrpolen" waren tatsächlich deutsche Staatsbürger. Nur ein winziger Teil hatte einen russischen oder österreichisch-ungarischen Pass. Und wer von denjenigen mit deutschem Ausweis als Pole galt, war eine Frage der Definition – durch andere und durch die Betroffenen selbst.

In den preußischen Provinzen Posen und Westpreußen, von wo die meisten der „Ruhrpolen" stammten, sprachen viele Menschen sowohl Deutsch als auch Polnisch. Zugehörigkeit zu der einen oder der anderen „Volksgruppe" oder „Nation" ist bei näherem Hinsehen unter diesen Bedingungen oft eine Konstruktion von Statistikern gewesen. Von den Betroffenen selbst hatten manche darüber feste Vorstellungen, andere weniger. So fühlte Wojciechowski sich als Pole; für seine ersten Wirtsleute in Wanne hatte eine solche Selbstidentifikation dagegen offenbar keine Bedeutung.

Ein extremes Beispiel für den Konstruktionscharakter und die Unschärfe solcher nationalen Selbst- und Fremdzuschreibungen waren die Masuren. Ungefähr 150.000 davon lebten unmittelbar vor dem Ersten Weltkrieg an der Ruhr. Sie kamen aus dem Süden der Provinz Ostpreußen und sprachen einen altpolnischen Dialekt. Anders als die meisten Polen waren sie freilich evangelisch. Und mit der polnischen Nationalbewegung hatten sie wenig im Sinn. Die meisten verstanden sich ganz im Gegenteil als loyale Untertanen des preußischen Königs und deutschen Kaisers. Selbst zeitgenössische Statistiker waren sich unsicher, ob die Masuren eigentlich zu den „Ruhrpolen" gehörten. Historiker rechnen sie jedoch in der Regel dazu.

Die „Ruhrpolen" waren also eine durchaus heterogene Gruppe. Sie gehörten verschiedenen religiösen Konfessionen an und hatten unterschiedliche politische Überzeugungen. Ihre jeweilige persönliche Erfahrungswelt hing natürlich auch von so elementaren Kategorien wie Geschlecht und Generation ab. Polnische Frauen waren, wie für Migranten typisch, an der Ruhr unterrepräsentiert. In Duisburg, Essen und Dortmund gab es vor dem Ersten Weltkrieg anderthalbmal so viele männliche wie weibliche Zuwanderer aus den Herkunftsgebieten der polnischsprachigen Bevölkerung im preußischen Nordosten. Sie heirateten jung – in Bottrop mit durchschnittlich 22 Jahren. Ihre im Ruhrgebiet geborenen Kinder wuchsen zweisprachig auf, denn polnische Schulen gab es nicht. Untereinander sprachen diese Angehörigen der zweiten Generation oft deutsch, mit ihren Eltern dagegen noch Polnisch. 1914 dürften sie bereits über ein Drittel aller „Ruhrpolen" gestellt haben.

Neben diesen vielfachen lebensweltlichen Differenzen gab es freilich auch manche Gemeinsamkeiten. Die polnischen Zuwanderer arbeiteten sehr oft im Bergbau. Hier waren sie im Vergleich mit anderen Bevölkerungsgruppen überproportional häufig vertreten. Die Arbeit auf den Kohlezechen war ebenso hart wie gefährlich, und entsprechend unpopulär war sie unter der alteingesessenen Bevölkerung und den aus der Nähe Zugewanderten. Der Kohlebergbau konzentrierte sich auf die Emscherzone im Norden des Ruhrgebiets. Hier siedelten sich daher auch die polnischsprachigen Migranten besonders zahlreich an. Insgesamt gab es um die Wende vom 19. zum 20. Jahrhundert neunzehn sogenannte Polenzechen, deren Belegschaft überwiegend aus diesen Zuwanderern bestand.

Die Konzentration der „Ruhrpolen“ im Bergbau schuf in den von der Kohleförderung geprägten Gegenden auch ein polnisches Milieu. In Herne eröffnete schon 1885 die erste polnische Leihbücherei der Region. Um die Jahrhundertwende machten Polen in dem vom Bergbau geprägten Herner Stadtteil Horsthausen etwa die Hälfte der Bewohner aus. Das benachbarte Wanne, wo Jakob Wojciechowski kurzfristig arbeitete, galt als „die polnische Hauptstadt Westfalens“. Bottrop war als „Klein-Warschau“ bekannt, Duisburg-Hamborn als „Polen am Rhein“. Hier und in anderen Städten des Ruhrgebiets gab es Siedlungen, die fast ausschließlich von Polen bewohnt wurden.

Bergbauunternehmen warben mit dem Bau solcher „Kolonien“ um die von ihnen begehrten polnischen Arbeitskräfte. Durch den engen sozialen Zusammenhalt in diesen Siedlungen sollten die Zuwanderer aus dem Osten an der Ruhr heimisch werden. Die Arbeitgeber hofften, so die ihnen unangenehme Fluktuation senken und die Arbeiter an die Zeche binden zu können. Das gelang auch zunehmend. Immer mehr der polnischen Zuwanderer wurden sesshaft. Die Aussicht, in den Zechenkolonien wie in der alten Heimat wohnen zu können, aber besser zu verdienen, spielte dafür eine wichtige Rolle.

Ein in diesem Sinn idyllisiertes Bild malte der Text eines Werbeplakats, mit dem eine Ruhrzeche im südlichen Ostpreußen um Arbeitskräfte warb: „Masuren! In rein ländlicher Gegend, umgeben von Feldern, Wiesen und Wäldern, den Vorbedingungen guter Luft, liegt, ganz wie ein masurisches Dorf, abseits vom großen Getriebe des westfälischen Industriegebietes, eine reizende, ganz neu erbaute Kolonie ... Zu jeder Wohnung gehört ein guter, hoher und trockener Keller, sodass sich die eingelagerten Früchte, Kartoffeln etc. dort sehr gut erhalten werden. Ferner gehört dazu ein geräumiger Stall, wo sich jeder sein Schwein, seine Ziege oder seine Hühner halten kann. So braucht der Arbeiter nicht jedes Pfund Fleisch oder seinen Liter Milch zu kaufen. Endlich gehört zu jeder Wohnung auch ein Garten von etwa 23 bis 24 Quadratruten [etwa 330 Quadratmeter]. So kann sich jeder sein Gemüse, sein Kumpst [Kompost] und seine Kartoffeln, die er für den Sommer braucht, selbst ziehen. Wer noch mehr Land braucht, kann es in der Nähe von Bauern billig pachten. Außerdem liefert die Zeche für den Winter Kartoffeln zu billigen Preisen. Dabei beträgt die Miete für ein Zimmer (mit Stall und Garten) nur 4 Mark monatlich, für die westfälischen Verhältnisse jedenfalls ein sehr niedriger Preis ... Überhaupt zahlt diese Zeche wohl die höchsten Löhne."

Die Mieten waren tatsächlich relativ niedrig und die an der Ruhr gezahlten Löhne deutlich höher als in der ostdeutschen Landwirtschaft. Die Imitation vertrauter Umgebung und die Nachbarn gleicher Herkunft, die von den Migranten in den Zechenkolonien vorgefunden wurden, erleichterten das Einleben in der Fremde. Allerdings förderte die geschlossene Siedlung in den Kolonien auch die Trennung der Zuwanderer von der übrigen Bevölkerung an der Ruhr. Hier lebten sie vielfach in einer eigenen Welt. Nach außerhalb hatten sie wenig Kontakte.

Tendenzen zur Separierung der „Ruhrpolen" fanden auch im Vereinswesen ihren Ausdruck. Schon Ende der 1870er Jahre entstand in Dortmund ein erster katholisch-polnischer Arbeiterverein. In den nächsten Jahrzehnten bildete sich dann eine unübersehbare Masse verschiedenartigster Zusammenschlüsse des polnischen Milieus im Ruhrgebiet. Am Ende des Ersten Weltkriegs waren es fast 1500. Allein in Herne und Wanne-Eickel gab es schon 1914 etwa 150 Vereine. Am häufigsten waren religiöse Organisationen. Daneben gab es die Sokół-Turnvereine, denen Jakob Wojciechowski angehörte, Frauengruppen, Musik- und Gesangvereine, Wohltätigkeitsorganisationen, Berufsverbände, Abstinenzler-, Spar-, Kultur- und viele andere Vereine.

Allerdings darf man die Geschlossenheit des polnischen Milieus im Ruhrgebiet wohl auch nicht überbetonen. Obwohl die Zahl der Vereine groß war, hatten die meisten nur wenige Mitglieder. Sieht man von den noch zu behandelnden Gewerkschaften ab, gehörten am Vorabend des Ersten Weltkriegs zusammen gut 60.000 Menschen den damals 660 polnischen Vereinen im Ruhrgebiet an. Je nachdem, wie hoch man die Zahl der „Ruhrpolen" ansetzt, war also jeder sechste bis achte vereinsmäßig organisiert. Und nur eine Minderheit wohnte in geschlossenen Siedlungskolonien. Auch wenn einzelne Stadtteile als „polnisches Viertel" galten, lebten dort in der Regel nicht allein Zuwanderer aus Posen oder Westpreußen. Zudem gab es durchaus wichtige Lebensbereiche, in denen es zu Kontakten zwischen diesen und den deutschsprachigen Bewohnern des „Reviers" kam. Das gilt vor allem für die Kirchen und die Arbeitswelt.

Wie die deutschen Auswanderer in den USA wollten auch viele Polen im Ruhrgebiet Gottesdienste in ihrer Muttersprache feiern. Die katholische Kirche, der mit Ausnahme der Masuren die meisten Polen angehörten, kam vor Ort diesen Wünschen entgegen. Die Kirchenführung versetzte polnische Geistliche an die Ruhr und etablierte im Paderborner Priesterseminar polnische Sprachkurse. Auch die politische Vertretung des deutschen Katholizismus, die Zentrumspartei, setzte sich für

Seelsorge in polnischer Sprache ein. Nicht zufällig waren die ersten und noch 1914 zahlreichsten polnischen Vereine Zusammenschlüsse katholischer Arbeiter, die wenigstens anfänglich meist unter Leitung eines Priesters standen. Die kirchlichen Organisationen wurden so zu Räumen der Begegnung zwischen Deutschen und polnischen Zuwanderern – auch wenn diese Begegnungen keineswegs konfliktfrei verliefen.

Das Gleiche gilt für die Arbeitswelt, in der zumindest die Männer unter den polnischen Migranten den größten Teil ihrer wachen Zeit verbrachten. Das Gefühl der Diskriminierung am Arbeitsplatz war unter ihnen weit verbreitet, und Konflikte wie der, der schließlich das Ende von Jakob Wojciechowskis Zeit in Wanne heraufbeschwor, waren nicht selten. Die alteingesessenen Arbeiter sahen die polnischen Neuankömmlinge häufig als Konkurrenten und potentielle „Lohndrücker". Je weniger die sesshaft werdenden „Ruhrpolen" sich jedoch allein darum bemühten, möglichst schnell möglichst viel Geld zu verdienen, desto mehr gewannen gemeinsame Interessen an der Verbesserung der Arbeitsbedingungen an Bedeutung. Auch das Qualifikationsniveau der polnischen Arbeiter näherte sich bald dem der Alteingesessenen an. Formen der kollektiven Entlohnung wie das Gruppengedinge im Bergbau, in dem die meisten „Ruhrpolen" beschäftigt waren, förderten die Solidarität mit deutschen „Kumpeln" in den Zechen. Gewerkschaftliche Zusammenschlüsse, wie bei den Bergleuten der 1889 gegründete, sozialdemokratisch orientierte „Alte Verband" und der 1894 gebildete Christliche Gewerkverein, warben um die polnischen Arbeiter. Der Alte Verband verteidigte sie gegen den Vorwurf der Lohndrückerei und gab auch Publikationen in polnischer Sprache heraus.

Im Gegensatz zu sozialdemokratischer Gewerkschaft und katholischer Kirche, die den Zuwanderern entgegenkamen und sie zumindest ein Stück weit in ihrer Eigenart akzeptierten, bestanden die Behörden auf totaler Anpassung der „Ruhrpolen". Staatliche Stellen verfolgten seit den 1890er Jahren eine rabiate Politik der Germanisierung. So erging 1899 eine Verordnung des Oberbergamtes Dortmund, nach der im Ruhrbergbau „fremdsprachige Arbeiter" nur noch dann eingestellt und befördert werden durften, „wenn sie genügend deutsch verstehen". Vordergründig galt diese Verordnung der Sicherheit unter Tage. Die polnischen Arbeiter fühlten sich dadurch jedoch diskriminiert – zu Recht, denn Einsprüche gegen die Verordnung wurden von den Behörden „aus nationalen Gründen" abgeschmettert.

Spontane Streiks und Unruhen in Herne, an denen 1899 vor allem polnische Bergleute sich beteiligten, bestärkten die Vertreter des Staates in ihrem harten Kurs der Unterdrückung polnischer Identität. Die Einrichtung polnischsprachiger Schulen im Ruhrgebiet lehnten sie während des deutschen Kaiserreichs rigoros ab. Nicht einmal polnischer Sprachunterricht durfte in Schulen stattfinden. Auf die Kirchen übten die Behörden Druck aus, keine Gottesdienste auf Polnisch abzuhalten. 1908 wurde schließlich ein Vereinsgesetz für das Deutsche Reich verabschiedet, nach dem öffentliche Versammlungen in deutscher Sprache geführt werden mussten. Die Behörden an der Ruhr legten das Gesetz außerordentlich restriktiv aus und machten von den darin vorgesehenen Ausnahmegenehmigungen keinen Gebrauch.

Diese Politik eines Verbots der polnischen Sprache führte im Ruhrgebiet freilich nicht zu der erwünschten vollständigen Anpassung der Zuwanderer. Vielmehr war eine verstärkte Organisierung und Separierung der „Ruhrpolen" die Folge. Polnische Vereine schossen weiterhin wie Pilze aus dem Boden. Und sie griffen nun auch in neue Bereiche über. 1902 wurde in Bochum eine polnische Gewerkschaft gegründet. Diese

„Polnische Berufsvereinigung“ organisierte zunächst nur Bergarbeiter, nahm aber bald auch Beschäftigte aus anderen Branchen auf. Bis 1908/09, als sie sich mit Organisationen aus dem östlichen Preußen zusammenschloss, hatte sie im Ruhrgebiet knapp 50.000 Mitglieder gewonnen. Seit der Jahrhundertwende begannen zudem polnische Parteien bei Wahlen eigene Kandidaten aufzustellen.

War die Integration der polnischsprachigen Zuwanderer im Ruhrgebiet damit gescheitert? Das hängt davon ab, was unter dem schillernden Begriff „Integration“ genau verstanden wird. Die Strategie des Staates, durch Unterdrückung alles Polnischen die Zuwanderer zur kulturellen Angleichung, zur Assimilation zu zwingen, scheiterte in der Tat auf der ganzen Linie. Die Repression erreichte das Gegenteil des angestrebten Ziels: Sie stärkte die kulturelle Eigenständigkeit der „Ruhrpolen“ und provozierte ihre separate politische und gewerkschaftliche Mobilisierung zumindest mit.

Geht man allerdings von einem pluralistischen Gesellschaftsbild aus, ist die Sache nicht unbedingt so klar. Dann lässt sich vielleicht sogar die parteipolitische und gewerkschaftliche Mobilisierung der „Ruhrpolen“ selbst als eine Form der Integration deuten. Denn die polnischen Zuwanderer benutzten damit Organisationsformen, die ihnen bisher weitgehend fremd gewesen waren. Sie bildeten Parteien und Gewerkschaften, weil dies die Mittel waren, mit denen die Alteingesessenen bereits ihre politischen und wirtschaftlichen Interessen vertraten. Sie passten sich also in dieser Hinsicht durchaus der Mehrheitsgesellschaft an.

Bei den Repräsentanten des Staats verstärkte das aber nur die dort vorherrschende Mentalität der Konfrontation. Während die Regierung des Deutschen Reichs auf die Gründung polnischer Gewerkschaften und Parteiorganisationen mit dem

Vereinsgesetz von 1908 reagierte, verschärften auch die Behörden vor Ort ihren repressiven Kurs: Im folgenden Jahr gründeten sie in Bochum eine „Zentralstelle für die Überwachung der Polenbewegung im rheinisch-westfälischen Industriegebiet“. Doch auch im deutschen Kaiserreich war der Staat nicht gleichzusetzen mit der Gesellschaft. Bei wichtigen gesellschaftlichen Gruppen fanden die „Ruhrpolen“ für ihre Anliegen durchaus Verständnis, ja teilweise sogar Bündnispartner.

So stimmten die Abgeordneten der sozialdemokratischen Arbeiterbewegung und der katholischen Zentrumspartei im Reichstag gegen die Diskriminierung der polnischen Sprache im Vereinsgesetz. Vertreter der Liberalen im Parlament setzten immerhin Ausnahmebestimmungen im Gesetzestext durch, die zugunsten der polnischen Minderheit an der Ruhr angewendet werden konnten. Die katholische Kirche ließ den Druck der Staatsbehörden, die einen völligen Verzicht auf Gottesdienste in polnischer Sprache forderten, immer wieder ins Leere laufen. Die Zahl der Kirchengemeinden mit polnischsprachigen Seelsorgern wuchs so tatsächlich immer weiter an. In den letzten Jahren vor dem Ersten Weltkrieg wurde Polnisch sogar verpflichtende Fremdsprache im Paderborner Priesterseminar. Repräsentanten der polnischen Zuwanderer wurden vor dem Ersten Weltkrieg zunehmend in kirchlichen Gremien, in städtischen Mitbestimmungsorganen und in der knappschaftlichen Sozialversicherung der Bergleute akzeptiert. Die großen Bergarbeiterstreiks 1905 und 1912 organisierten sozialdemokratisch und liberal orientierte Gewerkschaften gemeinsam mit der Polnischen Berufsvereinigung.

Natürlich ging es den anderen Parteien und Interessengruppen auch immer darum, den polnischen Organisationen Mitglieder und Wähler abzuwerben. Und zum Teil gelang ihnen das auch. Gewerkschaften wie der sozialdemokratische

Alte Verband und der Christliche Gewerkverein hatten noch nach der Gründung der Polnischen Berufsvereinigung zahlreiche polnische Mitglieder. Die bei Wahlen antretenden polnischen Kandidaten schafften es trotz teilweise beeindruckender Erfolge nie, auch nur annähernd alle Stimmen aus dem „ruhrpolnischen“ Milieu zu gewinnen. Nach dem Ersten Weltkrieg ging die Zahl der für sie abgegebenen Stimmen dann stark zurück, wesentlich stärker als die Zahl der Bevölkerung polnischer Abstammung. Das „ruhrpolnische Milieu“ begann sich langsam aufzulösen.

Dass es dazu kam, war paradoxerweise wohl gerade ein Beweis seiner Stärke und seines Erfolgs. Denn wie die „communities“ der deutschen Auswanderer in Amerika hatte auch das „ruhrpolnische“ Milieu die vielfältigen materiellen und nichtmateriellen Probleme seiner Angehörigen erfolgreich zu lindern vermocht. Es hatte Vertrautheit in der Fremde vermittelt. Wie Jakob Wojciechowski hatten Hunderttausende von polnischen Migranten an der Ruhr von Landsleuten Hilfe bei der Suche nach Wohnung und Arbeit bekommen. Der Wechsel vom kleinen Dorf in die Stadt, von der Landwirtschaft in die Industrie, aus der traditionell geprägten ländlichen Welt des preußischen Ostens mit ihren engen und begrenzten Sozialstrukturen in die Anonymität der im Westen entstehenden industriellen Moderne – die vielen daraus resultierenden, nicht zuletzt psychologischen Belastungen wurden von dem „ruhrpolnischen“ Milieu aufgefangen, die persönliche Existenz seiner Angehörigen stabilisiert.

Doch je besser das Milieu diese Funktion erfüllte, desto mehr verlor es seine Existenzberechtigung. Wie in allen Einwanderergesellschaften machte die zweite Generation, die vor dem Ersten Weltkrieg schon mehr als ein Drittel der „Ruhrpolen“ stellte, die ersten Schritte über die Milieugrenzen. Während nur einer von zehn Zuwanderern, die aus dem polnischsprachigen Osten nach Bottrop kamen, einen nichtpolnischen Partner heiratete, war es bei ihren Kindern bereits jeder dritte. Das mag immer noch nicht sehr viel scheinen, aber verglichen mit anderen sozialen Schranken war es das durchaus: Ehen zwischen Angehörigen verschiedener religiöser Konfessionen oder sozialer Schichten gab es in Bottrop deutlich weniger. Auch in räumlicher Hinsicht löste sich das „ruhrpolnische" Milieu seit dem Ersten Weltkrieg auf: Die Konzentration der Zuwanderer aus dem Osten auf einzelne Stadtteile und Siedlungen nahm ab.

Das Verhältnis zwischen Alteingesessenen, deutschen und polnischen Zuwanderern wurde nach dem Weltkrieg keineswegs frei von Konflikten, und schon gar nicht frei von Vorurteilen. Aber es blieb auch nicht statisch, sondern veränderte sich. Von der Warte eines pluralistischen Gesellschaftsverständnisses aus betrachtet, fand Integration statt. Das geschah freilich nicht wegen, sondern eher trotz aller Bemühungen um erzwungene Assimilation.

4. Ausländische „Gastarbeiter" im Kaiserreich

Die während des späten deutschen Kaiserreichs an die Ruhr zugewanderten Polen sind von dem Historiker Christoph Kleßmann einmal als „des Kaisers Gastarbeiter" bezeichnet worden. Tatsächlich gibt es manche Parallelen zwischen den „Ruhrpolen" und den Arbeitsmigranten aus Südeuropa und der Türkei, die ab den 1960er Jahren in der Bundesrepublik Deutschland „Gastarbeiter" genannt wurden. Allerdings gibt es auch mindestens einen sehr wichtigen Unterschied: Die polnischsprachigen Menschen, die vor dem Ersten Weltkrieg aus Posen, West- oder Ostpreußen ins Ruhrgebiet kamen, waren deutsche Staatsbürger. Deshalb genossen sie absolute Niederlassungsfreiheit, und sie mussten trotz aller Schwierigkeiten, die deutsche Behörden ihnen machten, bei diesen zumindest nie wegen einer Aufenthaltsgenehmigung vorstellig werden. Genau das blieb den wirklichen Ausländern, die während des Kaiserreichs an Rhein und Ruhr arbeiteten, dagegen nicht erspart – ebenso wenig wie später den „Gastarbeitern" in der Bundesrepublik.

Wohl die ersten ausländischen Arbeitsmigranten, die der Durchbruch der Industrialisierung seit der Mitte des 19. Jahrhunderts vor allem ins Ruhrgebiet brachte, waren Engländer und Iren. Anglo-irisches Kapital hat bei der Erschließung der Kohlelager an der Ruhr eine wichtige Rolle gespielt. Davon zeugen vor allem Zechennamen. In Castrop-Rauxel stehen heute noch als Industriedenkmäler zwei Fördertürme der ehemaligen Zeche Erin, die den gälischen Namen Irlands trug. Die Zeche Hibernia in Gelsenkirchen hieß nach der lateinischen Bezeichnung für die grüne Insel. Zeche Shamrock in Herne hatte ihren Namen vom englischen Begriff für das Kleeblatt, einem der Nationalsymbole Irlands. Alle drei Zechen wurden in den 1850er und 1860er Jahren von einer englisch-irischen Bergwerksgesellschaft gegründet. Auch belgisches und französisches Kapital spielte bei der Erschließung der Kohlelager in diesen Jahrzehnten eine Rolle.

Wesentlich zahlreicher als die wenigen Bergwerksingenieure und Vertreter der Investoren aus dem Ausland waren freilich die von ihnen mitgebrachten oder angeworbenen ausländischen Arbeiter. Auf der Gelsenkirchener Zeche Hibernia etwa kamen 1859 zwei Drittel der Hauer aus der Gegend von Newcastle in Nordengland. Die Briten waren zwar größtenteils nur an der Niederbringung der Schächte beteiligt. Diese konnte freilich immerhin mehrere Jahre dauern. Aus der weltweit ersten Industrienation mit ihrem fortgeschrittenen technischen Knowhow kommend, leisteten sie an der Ruhr sozusagen Entwicklungshilfe. Nach Aufnahme der Kohleförderung ging die Zahl der Arbeitskräfte aus Großbritannien meist deutlich zurück. Auf Hibernia gab es sie jedoch selbst dann noch, als die Zeche von den ursprünglichen britischen Inhabern 1873 an Deutsche verkauft wurde. Der letzte aus England stammende Arbeiter starb hier erst ein Jahr vor Beginn des Ersten Weltkriegs. Und in Herne, das um die Zeche Shamrock gewachsen war, fand das irische Kleeblatt seinen Platz im Stadtwappen.

Seit den 1890er Jahren nahm der Bedarf an Arbeitskräften im Deutschen Reich stark zu. Das trug nicht nur zum Abebben der Amerika-Auswanderung und einer Ausweitung der Nah- wie Fernwanderung im Reich selbst bei, sondern auch zu einem steilen Anstieg der Zuwanderung aus dem Ausland. Unmittelbar vor dem Ersten Weltkrieg betrug die Zahl der ausländischen Arbeitskräfte in Deutschland deutlich mehr als eine Million. Auf Westfalen und das Rheinland entfiel davon ein knappes Drittel. Die beiden preußischen Provinzen waren unter allen Regionen des Deutschen Reichs die mit dem höchsten Ausländeranteil. Drei bis vier Prozent der Bevölkerung hatten hier 1913 keinen deutschen Pass. In manchen Städten – Duisburg etwa – waren es doppelt so viel.

Diese „Gastarbeiter" in der Landschaft zwischen Rhein und Weser kamen zu ungefähr gleichen Teilen aus Österreich-Ungarn, den Niederlanden und Italien. Staatsbürger anderer Länder fielen dagegen nur wenig ins Gewicht. Die Migranten aus Österreich-Ungarn stammten überwiegend aus Galizien und sprachen, wie eine kleinere Gruppe von Wanderarbeitern aus Russland, meist Polnisch. Sie waren in Westfalen etwas stärker vertreten und größtenteils in der Landwirtschaft beschäftigt. Niederländer gab es dafür im Rheinland häufiger. Die Italiener verteilten sich annähernd gleichmäßig auf beide preußischen Provinzen.

Fast alle diese Migranten von jenseits der deutschen Reichsgrenzen kamen aus ländlich geprägten, wenig industrialisierten Gebieten ihrer Heimatländer. Das hatten sie mit den Binnenwanderern gemeinsam – einerlei ob diese aus der Eifel, dem Weserbergland oder dem preußischen Osten stammten. Auch die Gründe für die Wanderung ähnelten sich vielfach: Attraktivität der Zuwanderungsregion durch vergleichsweise bessere Beschäftigungslage und höhere Verdienstmöglichkeiten, Bevölkerungswachstum und sinkendes Arbeitsplatzangebot durch Rationalisierung der Landwirtschaft in den Herkunftsgebieten.

So waren unter den Zuwanderern aus den Grenzgebieten der Niederlande viele Torfstecher, deren Gewerbe in eine Absatzkrise geraten war. Dabei hatte die Torfbranche in den 1860er und 1870er Jahren noch einen kurzfristigen Boom erlebt. Bis dahin waren sogar zahlreiche Rheinländer und Westfalen saisonal als sogenannte Hollandgänger über die Grenze gegangen, unter anderem, um in den Torfmooren zu arbeiten. Torf war vor allem als Brennstoff begehrt. Doch zunehmend wurde er von Steinkohle verdrängt – nicht zuletzt von der an der Ruhr geförderten. Hinzu kam, dass die Torfstecherei immer ein Saisongeschäft gewesen war, das durch Arbeit in der Landwirtschaft ergänzt werden musste. Doch in den 1880er Jahren traf drastischer Absatzrückgang in den Torfmooren der Niederlande zusammen mit einem wachsenden Maschineneinsatz auf den Bauernhöfen, der dort die Arbeitsplätze zunehmend wegrationalisierte.

Die Richtung der Wanderung kehrte sich seitdem mehr und mehr um: Aus der „Hollandgängerei“ wurde eine „Preußengängerei“. Sobald es in den Torfmooren ab Juni oder Juli keine Verdienstmöglichkeiten mehr gab, schulterten die niederländischen Wanderarbeiter ihren Spaten, banden ihren blauen Wäschebeutel an ihm fest, gingen zur nächsten Bahnstation und fuhren nach Deutschland, meist ins Ruhrgebiet. Dort bauten sie Straßen, Kanäle und Eisenbahnstrecken, errichteten Wohnungen und öffentliche Gebäude, oder sie arbeiteten in Ziegeleien. Einige nahmen auch Arbeit auf niederrheinischen Bauernhöfen an. Trotz der höheren Lebenshaltungskosten auf der deutschen Seite der Grenze rechnete sich die Wanderarbeit offenbar.

Zu Anfang des 20. Jahrhunderts stellte die niederländische Regierung jährlich jeweils zwischen 15.000 und 45.000 Bescheinigungen für Wanderarbeiter aus, die nach Deutschland gingen. Danach nahm die Zahl offenbar noch weiter zu. Um 1910 dürften es etwa 100.000 Niederländer gewesen sein, die einen Teil des Jahres in Deutschland tätig waren – ungefähr zwei Drittel davon im nähergelegenen Rheinland, ein knappes Drittel in Westfalen und nur eine kleine Minderheit in der preußischen Provinz Hannover, dem heutigen Niedersachsen.

Ungefähr die Hälfte dieser niederländischen „Preußengänger“ war verheiratet. In den meisten Fällen ließen sie ihre Familie im Heimatdorf zurück. Nur einige wenige Frauen gehörten zu dem stetig wachsenden Strom der Arbeitsmigranten. Sie waren auf der deutschen Seite der Grenze in der Regel als Dienstmädchen tätig und blieben manchmal jahrelang dort. Die männlichen Wanderarbeiter dagegen verließen ihre Heimat meist nur in der zweiten Jahreshälfte; im Dezember kamen sie nach Hause zurück. Unter Umständen kehrten sie freilich auch schon nach einigen Tagen oder Wochen erfolgloser Arbeitssuche wieder. Oder aber sie blieben den Winter über in

Deutschland. Nicht selten traten sie dann an die Stelle italienischer Arbeiter, die nur den Sommer nördlich der Alpen verbrachten.

Italiener waren besonders im Rheinland schon vor der Industrialisierung einigermaßen präsent, allerdings vor allem als Händler oder in künstlerischen und handwerklichen Berufen. Im späten 19. Jahrhundert kamen die ersten Eis- und Maronenverkäufer dazu. 1890 ermittelte die italienische Volkszählung gut 2000 Staatsbürger des Mittelmeerlandes an Rhein und Ruhr. Der größere Teil davon war zu diesem Zeitpunkt als ungelernte Handlanger beschäftigt, meist in Steinbrüchen. Ein knappes Viertel arbeitete im Bergbau, der kleine Rest als selbstständige Musiker, Mosaikleger, Zinngießer oder Händler. Zwei Jahre später schätzten die italienischen Konsuln in der Region die Zahl ihrer Landsleute auf 3000. Der größte Teil davon sei als Bergarbeiter oder auf dem Bau tätig.

Neben der anziehenden industriellen Konjunktur in Deutschland dürften auch politische Entscheidungen dazu beigetragen haben, dass die Zahl der italienischen Arbeitswanderer sich danach binnen Kurzem vervielfachte. 1892 schlossen Italien und das Deutsche Reich einen Handelsvertrag, der die Modalitäten der Arbeitserlaubnis erleichterte. Die neuen Möglichkeiten wurden von südlich der Alpen nach Kräften genutzt. Bis zum Ersten Weltkrieg verdienten jeden Sommer etwa 100.000 Italiener in Westfalen und dem Rheinland Geld. Noch einmal so viele hielten sich in Süddeutschland auf. Waren die italienischen Arbeitskräfte dort hauptsächlich in der Landwirtschaft beschäftigt, so arbeiteten sie an Rhein und Ruhr vor allem in der Industrie und auf dem Bau.

Gut zwei Drittel der italienischen „Gastarbeiter" gingen jeweils über den Winter in ihre Heimat zurück. Dabei handelte es sich praktisch ausschließlich um ungelernte Kräfte, die wie die Mehrheit der Niederländer Knochenarbeit verrichteten. Die etwa 30.000 Italiener, die in den letzten Jahren vor dem Ersten Weltkrieg auch den Winter über an Rhein und Ruhr blieben, waren dagegen überwiegend besser ausgebildete und mehr verdienende Facharbeiter. Sie wurden zunehmend sesshaft und ließen auch ihre Familien in den Norden nachkommen.

Unter den aus Österreich-Ungarn und Russland stammenden Polen, der dritten großen Gruppe von Arbeitsmigranten mit fremdem Pass, dürften fast alle ungelernte Handlanger gewesen sein. Ihre Zahl schwankte jedenfalls von allen ausländischen Arbeitskräften am stärksten. Das lag zum Teil daran, dass sie nahezu ausschließlich in der Landwirtschaft beschäftigt wurden, um saisonal anfallende Tätigkeiten zu übernehmen. Während der Erntezeit war ihre Zahl am größten. Die besonders hohe Fluktuation unter den Polen war aber auch eine Folge der ihnen gegenüber außergewöhnlich restriktiven Einwanderungspolitik Preußens und des Deutschen Reichs.

Unter den Staatsbürgern des 1871 gegründeten Deutschen Reichs gab es eine beträchtliche Zahl von Menschen, deren Muttersprache nicht Deutsch war. Das galt vor allem im preußischen Osten. Gegenüber den dort überwiegenden polnischsprachigen Bevölkerungsteilen betrieben die Behörden dieselbe rabiate Eindeutschungspolitik, der auch die nach Westen gewanderten „Ruhrpolen" ausgesetzt wurden. Dahinter stand zum einen der deutsche Nationalismus eines jungen und ungefestigten Reichs, dessen Zukunft seinen Eliten insgeheim ausgesprochen unsicher schien. Vor allem aber stand dahinter die Furcht des preußischen Staats vor polnischem Nationalismus. Der Traum von einem eigenen Nationalstaat, den viele der im Deutschen Reich, Russland und Österreich-Ungarn lebenden Polen träumten, war für die preußischen Bürokraten ein Albtraum. Die Zuwanderung von Polen in das Reich erschien ihnen deshalb als ein innen- und außenpolitisches Sicherheitsrisiko ersten Ranges. 1885 waren darum Zehntausende von polnischen Zuwanderern aus Russland, die teilweise bereits seit Jahrzehnten im preußischen Osten gelebt hatten, ausgewiesen und die Grenzen anschließend gegen erneute Einwanderung abgeschottet worden.

Allerdings kollidierte diese restriktive Einwanderungspolitik zunehmend mit wirtschaftlichen Interessen. Denn bei deutschen Landwirten gab es ein wachsendes Interesse an landwirtschaftlichen Arbeitskräften – umso mehr, als ihnen ihre eigenen Beschäftigten scharenweise in die Industriestädte abwanderten. Händeringend suchten Großgrundbesitzer östlich der Elbe und westdeutsche Bauern besonders Saisonarbeiter. Die Lösung dieses Dilemmas bestand in einem immer weiter verfeinerten System der „Ausländerkontrolle“: Arbeit suchende Polen aus Österreich-Ungarn und Russland wurden, selbst wenn sie illegal an oder über die Grenze gekommen waren, im Frühjahr mit offenen Armen empfangen. Die preußischen Behörden erteilten ihnen jedoch nur befristete Arbeits- und Aufenthaltsgenehmigungen. Nach dem Ende der Erntezeit mussten sie das Deutsche Reich wieder verlassen. Sonst wurden sie ausgewiesen und abgeschoben.

Dieses strenge System der „Ausländerkontrolle“ mit „Rückkehrzwang“ war geboren aus einer Mischung von Wirtschaftsinteressen, Furcht vor der revolutionären Sprengkraft des polnischen Nationalismus und Fremdenfeindlichkeit. Getragen und praktiziert wurde es vor allem von den Vertretern des Staats, den Behörden. In der Gesellschaft des deutschen Kaiserreichs war es jedoch umstritten. Nicht wenige inländische Arbeitgeber unterliefen das System der nur befristeten

Beschäftigung von Ausländern. Insbesondere die Sozialdemokratie, aber auch Teile der Liberalen und des politischen Katholizismus kritisierten „Ausländerkontrolle“ und „Rückkehrzwang“ als engstirnig und unmenschlich.

Die staatliche Politik gegenüber polnischen Wanderarbeitern, die auf Verhinderung dauerhafter Zuwanderung abzielte, wurde in der deutschen Gesellschaft vor dem Ersten Weltkrieg nicht vorbehaltlos und einhellig unterstützt. Darin liegt eine Parallele zur Unterdrückung der polnischen Sprache und Kultur im Ruhrgebiet, die ebenfalls hauptsächlich von staatlichen Behörden ausging. Es war vor allem der Staat, der im deutschen Kaiserreich massiven Anpassungsdruck auf Migranten ausübte und eine Politik nationaler Abgrenzung verfolgte.

Zwar bildeten sich seit den 1890er Jahren auch in der deutschen Gesellschaft verstärkt nationalistische Verbände. In ihnen verbreiteten sich „völkische“ und rassistische Auffassungen von einer naturgegebenen Überlegenheit des „Deutschtums“, die mit einer Abwertung anderer Kulturen und radikaler Fremdenfeindschaft einhergingen. Doch bis zum Ersten Weltkrieg blieb die Mitgliederzahl solcher Organisationen relativ gering, ihre Reichweite im Wesentlichen auf konservative bürgerliche Gruppen beschränkt. In der Epoche der beiden Weltkriege sollte sich das ändern – mit einschneidenden Konsequenzen für alle diejenigen, die sich als „Fremde“ etikettieren ließen.

IV. Im Zeichen der Nation: Wanderungspolitik und Wanderungsschicksale in der Epoche der Weltkriege

Anders als landläufig vielfach angenommen, ist die Nation keine natürliche Gemeinschaft von Menschen gleicher Sprache oder Herkunft. Schon vor der Moderne haben sich am Rhein Zuwanderer aus allen Teilen Europas niedergelassen. Während des Römischen Reichs kamen diese aus dem Süden des Kontinents. In der Völkerwanderungszeit folgten Franken und Sachsen aus dem Norden. Im 17. Jahrhundert kamen aus Frankreich vertriebene Protestanten, die Hugenotten, unter anderem ins südliche Rheinland, nach Minden und an den Niederrhein. Sie und viele andere mehr verschmolzen im Lauf der Zeit mit den Alteingesessenen, hinterließen aber Spuren in Kultur und Sprache – je nach Landschaft freilich ganz andere. Die Einwohner verschiedener deutscher Regionen konnten sich kaum miteinander verständigen, bis das Hochdeutsche sich in der breiten Masse der Bevölkerung verbreitete. Das geschah im Wesentlichen erst, als im Deutschen Reich von 1871 die allgemeine Schulpflicht durchgesetzt wurde. Die Etablierung einer Nationalsprache war weitgehend die Folge der Entstehung eines Nationalstaats, nicht ihre Voraussetzung.

Die Nation ist also keine naturgegebene Größe, sondern eine gedankliche Konstruktion. Sie existiert, weil Menschen an sie glauben. Und Menschen glauben wohl vor allem deshalb an die Nation, weil sie als erdachte Gemeinschaft ein Gefühl von Sicherheit gibt – ein Gefühl von Sicherheit in einer modernen Welt, in der alles in Bewegung ist und traditionelle Gemeinschaften wie Dorf, Zunft, Kirchengemeinde und Familie gefährdet erscheinen oder zerfallen sind. Wie viel Nationalgefühl Menschen nötig zu haben glauben, kann ganz verschieden sein und hängt von vielen Faktoren ab: von individuellem Sicherheitsbedürfnis, von Manipulation durch andere, und nicht zuletzt von der Wahrnehmung bestimmter historischer Ereignisse.

Der Erste Weltkrieg hat den Nationalismus in der deutschen Gesellschaft massiv verstärkt und radikalisiert. Die Deutschen fühlten sich „umringt von einer Welt von Feinden", wie ein klassisches Schlagwort der Zeit die kollektive Befindlichkeit der großen Bevölkerungsmehrheit treffend fasste. Eine nationalistische Hysterie durchflutete das ganze Land. Bei Kriegsbeginn im August 1914 wurden harmlose Touristen in Hunderten von Fällen gegenüber den Behörden als ausländische Spione denunziert. Selbst die deutsch sprechenden Bewohner des Elsass, das 1871 von Frankreich an Deutschland abgetreten worden war, gerieten unter den Verdacht, es mit dem französischen Kriegsgegner zu halten. Polnischsprachige deutsche Staatsbürger wurden misstrauischer beäugt denn je. Sogar die Wanderarbeiter aus den neutralen Niederlanden, die während des Kriegs in wachsender Zahl den Platz deutscher Wehrpflichtiger in landwirtschaftlichen und Industriebetrieben einnahmen, bekamen zunehmend Fremdenfeindlichkeit zu spüren.

1918 war der Krieg vorbei. Der Friedensvertrag von Versailles besiegelte die deutsche Niederlage. Die nationalistische Hysterie und die damit verknüpfte Feindschaft gegenüber „Fremden" verflogen damit freilich nicht, sondern verstärkten sich in der Folgezeit eher noch. Das hatte mehrere Gründe.

Zum einen wurde die Niederlage weithin als Schande für die nationale Ehre angesehen, die es auszuwetzen galt. Der Ruf nach Revanche und Rache für die „nationale Schmach" richtete sich natürlich vor allem gegen die Kriegsgegner. Nicht zuletzt weil diese einstweilen die Oberhand besaßen, verband er sich freilich auch mit der Suche nach Schuldigen für die Niederlage im eigenen Land. Diese Suche nach Sündenböcken wurde von der politischen Rechten in inneren Auseinandersetzungen der Weimarer Republik instrumentalisiert, hatte aber ebenso Folgen für die Einstellung gegenüber Ausländern und Zugewanderten.

Zum anderen war die Zeit zwischen den Weltkriegen geprägt von einer weltweiten wirtschaftlichen Rezession. In Deutschland führten die Folgen des Kriegs zu einem besonders schweren Konjunktureinbruch, der 1923 in einer katastrophalen Inflation gipfelte. Auch danach erholte sich das Land nicht wirklich, um seit dem Ende der 1920er Jahre erneut sehr stark von der dann einsetzenden Weltwirtschaftskrise getroffen zu werden. Ausländische und zugewanderte Arbeitskräfte, die während der Hochkonjunkturphase vor dem Ersten Weltkrieg massenhaft angeworben worden waren, erschienen unter diesen Bedingungen Arbeitgebern und Politikern als entbehrlich, einheimischen alteingesessenen Arbeitnehmern aber mehr denn je als gefährliche, wenn nun nicht sogar existenzbedrohende Konkurrenz.

Die meisten der vor 1914 ins Deutsche Reich Zugewanderten verließen das Land während des Ersten Weltkriegs oder bald danach. Vor dem Krieg hatte es über eine Million ausländische Arbeitskräfte in Deutschland gegeben. In den 1920er Jahren schwankte ihre Zahl zwischen 200.000 und 300.000. Die Mehrheit davon war in landwirtschaftlichen Betrieben beschäftigt. Etwa 80.000 arbeiteten in der Industrie, die meisten im Ruhrgebiet. Während der Weltwirtschaftskrise sank die Zahl der ausländischen Arbeitnehmer insgesamt in den frühen 1930er Jahren noch weiter auf rund 100.000 ab.

Viele Zielscheiben für die stark gewachsene Fremdenfeindschaft gab es also nicht. Zudem hatten die Gebietsabtretungen infolge des Versailler Vertrags dazu geführt, dass kaum noch nationale Minderheiten auf dem Gebiet des Deutschen Reichs lebten. Insbesondere waren Posen und Westpreußen mit ihren starken polnischsprachigen Bevölkerungsanteilen nun Bestandteil der neu gegründeten Republik Polen. Das führte nicht nur zu Revanchegelüsten gegenüber diesem polnischen Staat. Der radikalisierte deutsche Nationalismus, anderer Opfer auf dem eigenen Territorium beraubt, wandte sich mit verstärkter Energie nun auch gegen die schon teilweise integrierten „Ruhrpolen". Und in wahnhafter Paranoia fokussierte er sich schließlich auf die einzige andere gesellschaftliche Gruppe, die sich als „Fremde" etikettieren ließ: auf die Juden, deren Vorfahren größtenteils schon seit Jahrhunderten in Deutschland ansässig waren.

Zu der grenzenlosen Brutalität, mit der sich der deutsche Nationalismus schließlich während des Zweiten Weltkriegs gegen Juden, aber auch andere „Gemeinschaftsfremde" austobte, trug ein verändertes Selbstverständnis der Rolle des Staates bei. Im 19. Jahrhundert hatten Nationalstaaten Migration nur zu kontrollieren versucht – wie das Deutsche Reich die Arbeitswanderung von Polen aus Osteuropa. Im 20. Jahrhundert begannen Staaten Migration zu erzwingen. Die mehr oder weniger zwangsweise Rekrutierung von Massen ausländischer Arbeitskräfte in den beiden Weltkriegen war ein Ausdruck und Motor dieses neuen Selbstverständnisses. Die erzwungene Umsiedlung und Vertreibung „fremder" Volksgruppen vom eigenen Territorium, die 1915 zum ersten

Mal von den Türken an den Armeniern vorexerziert wurde, war eine andere Erscheinungsform. Sie führte in diesem wie in anderen Fällen bis zum Massenmord. Es war das nationalsozialistische Deutschland, das diese grausame Politik der „ethnischen Säuberung“ während des Zweiten Weltkriegs zu bisher unerreichten Extremen führte. Beginnend mit der Deportation Hunderttausender Juden und Polen 1939, gipfelte sie schließlich in dem organisierten Massenmord an Millionen Juden. Für Polen und andere Osteuropäer gab es Pläne zur erzwungenen Umsiedlung über den Ural, die noch größere Opferzahlen zur Folge gehabt hätten, aber durch den Verlauf des Kriegs verhindert wurden. Stattdessen provozierte die mörderische deutsche Politik der Zwangsmigration schließlich die Vertreibung und Auswanderung von Millionen deutsch sprechender Menschen aus den Gebieten östlich der Oder-Neiße-Linie und aus Südosteuropa.

1. Abwanderung, Diskriminierung und Vertreibung 1914–1945

Vor dem Ersten Weltkrieg hatten vor allem die Vertreter der Staatsbehörden in Deutschland eine Diskriminierung von Zuwanderern betrieben. Seit Beginn des Kriegs wurden Rufe nach Einschränkung der Immigration und nach kompromissloser Anpassung von Migranten auch in der deutschen Gesellschaft immer lauter. Besonders vernehmbar waren dabei Vertreter der Arbeiterschaft.

Das ist umso bemerkenswerter, als Gewerkschaften und SPD vor dem Krieg Zuwanderer am stärksten gegen Diskriminierung und Anpassungsdruck verteidigt hatten. Zwar hatte es auch schon vor 1914 Fremdenfeindlichkeit in der Arbeiterschaft gegeben. Diese Tendenzen konnten aber von gewerkschaftlicher und sozialdemokratischer Führung gebremst und kontrolliert werden. Seit Beginn des Kriegs sahen sich die Spitzen der Arbeiterbewegung dazu jedoch immer weniger in der Lage.

Über die italienischen Bauarbeiter etwa hatte es unter der deutschen Arbeiterschaft an Rhein und Ruhr schon vor 1914 viel Unmut gegeben. Die Mehrheit der ungelernten Italiener war hochgradig mobil und deshalb gewerkschaftlich schwer zu organisieren. Daraus entstehende Vorwürfe, die Italiener seien „Streikbrecher" und „Lohndrücker", wurden bis zum Ersten Weltkrieg jedoch meist nur verhalten oder hinter vorgehaltener Hand geäußert. Alles andere hätte dem von SPD und Freien Gewerkschaften hochgehaltenen Prinzip der internationalen Solidarität der Arbeiter widersprochen.

Ab dem Kriegsausbruch begann diese Solidarität aber zu bröckeln. Sie zerfiel, als Italien 1915 an die Seite von Deutschlands Kriegsgegnern trat. Da spielte es auch keine Rolle mehr, dass die italienische Arbeiterpartei – als eine von ganz wenigen sozialistischen Parteien in Europa – am Prinzip der proletarischen Solidarität festhielt und den Kriegseintritt ihres Landes deshalb entschieden ablehnte. In Deutschland, wo die SPD sich 1914 willig in die nationale Einheitsfront eingereiht hatte, verfielen auch die Arbeitswanderer von jenseits der Alpen einer pauschalen Verurteilung der Italiener als „Volk von Verrätern". So erklärte in einer Gewerkschaftszeitung ein Bauarbeiter von der Ruhr 1916, er „erachte als die beste Erziehung für den [!] Italiener einen gezielten Fußtritt und dazu die Verachtung, deren ein deutscher Arbeiter fähig ist".

Es ist daher kaum erstaunlich, dass der Großteil der italienischen Arbeitsmigranten schon während des Weltkriegs in ihre alte Heimat zurückkehrte. Von den 100.000 Italienern, die es vor 1914 in Westfalen und dem Rheinland gegeben hatte, waren Mitte der 1920er Jahre gerade noch 6000 übrig geblieben. Die meisten dieser Zurückgebliebenen verfügten seit Langem über eine unbefristete Aufenthaltsgenehmigung. In der Regel hatten sie sich bereits geraume Zeit vor dem Krieg hier angesiedelt, zusammen mit ihren Familien – fast die Hälfte der 6000 waren Frauen.

Auch die „Ruhrpolen“ bekamen den verschärften deutschen Nationalismus zu spüren. Besonders deutlich offenbarte sich die damit verbundene Feindseligkeit gegenüber den Zuwanderern nach der Abtretung ehemals deutscher Gebiete an den neuen polnischen Nationalstaat. Dass aus den abgetretenen Gebieten eine Viertelmillion Menschen in Westfalen und dem Rheinland unterkam, goss noch Öl ins Feuer. Der Versailler Vertrag sah Abstimmungen in Oberschlesien vor, die über dessen Zugehörigkeit zu Polen oder dem Deutschen Reich entscheiden sollten. Als diese Abstimmungen Anfang der 1920er Jahre stattfanden, wurde in den „ruhrpolnischen“ Hochburgen, den Bergbaustädten an der Emscher, „gegen das radikale Polentum“ demonstriert unter dem Slogan: „Deutschland den Deutschen!“ In Herne forderten Demonstranten eine „Ausweisung sämtlicher polnischer Agitatoren“. Eine Wanner Zeitung kontrastierte in drastischen Bildern das Schicksal derjenigen, die sich in Oberschlesien „mutig zu Deutschland bekannt“ und dafür „bestialisch misshandelt“ worden seien, mit dem angeblichen Luxusleben polnischer Zuwanderer an der Ruhr.

In dem durch solche Propaganda aufgeheizten Klima kam es 1921/22 vielfach zu gewalttätigen Übergriffen gegen die polnische Minderheit. Während der französischen Besetzung des Ruhrgebiets 1923 wiederholten sich die Attacken. Obwohl die polnischen Organisationen sich mit dem deutschen Widerstand gegen die französischen Truppen solidarisch erklärten und die Polnische Berufsvereinigung gegen den „französischen Imperialismus“ protestierte, wurden die „Ruhrpolen“ pauschal der Zusammenarbeit mit den Besatzern beschuldigt. Noch mehr als fünfzig Jahre später äußerten Zeitzeugen in Interviews die feste Überzeugung, „die Polen“ hätten 1923 mit der französischen Besatzungsmacht kollaboriert.

Gerade diejenigen der polnischsprachigen Zuwanderer, die sich gegen einen Wegzug in die Republik Polen entschieden hatten, weil sie ihre Heimat mittlerweile an der Ruhr sahen, wurden dort jetzt für die Außenpolitik des neuen polnischen Nationalstaats verantwortlich gemacht. Auf der Straße sang man ihnen in Knittelversen gedichtete Spottlieder hinterher: „Solange hat Esel Ohren, ist Polen nicht verloren; solange hat Katze Schwanz sich, greift Polen sich noch Danzig.“

Sprüche wie „Da kam Stanislaus aus Polen, mit Stiefel ohne Sohlen“ qualifizierten die ruhrpolnischen Zuwanderer als rückständig und unterentwickelt ab. Vorurteile, sie seien dreckig und versoffen, kursierten schon vor dem Ersten Weltkrieg, verbreiteten sich aber in den 1920er Jahren immer mehr. Zudem kamen nun auch verstärkt rassistische Vorstellungen auf, in denen Polen als von Natur aus minderwertig erschienen. Das wird unter anderem greifbar in Witzen und Spott über Namensänderungen, mit denen Zuwanderer sich der Hetze entziehen wollten: Auch ein Pole mit deutschem Namen bleibe ein Pole und sei nur ein „Wolf im Schafspelz“. Solches Denken verbreitete sich während der 1920er Jahre bis in die Sozialdemokratie hinein.

Dabei hatte die deutsche Revolution von 1918, die das Regiment der Konservativen im Kaiserreich beendete und der SPD die Staatsmacht in den Schoß fallen ließ, zunächst eine

Liberalisierung der staatlichen Haltung gegenüber Minderheiten in Aussicht gestellt. Die in Weimar 1919 beschlossene neue Reichsverfassung bestimmte in Paragraph 113 eigentlich unmissverständlich: „Die fremdsprachigen Volksteile des Reichs dürfen durch die Gesetzgebung und Verwaltung nicht in ihrer freien, volkstümlichen Entwicklung, besonders nicht im Gebrauch ihrer Muttersprache beim Unterricht sowie bei der inneren Verwaltung und der Rechtspflege beeinträchtigt werden.“ Anders als noch während des Kaiserreichs war damit nun grundsätzlich etwa die Einrichtung polnischer Schulen im Ruhrgebiet möglich.

Aber bereits 1920 äußerte der preußische Kultusminister, ein Sozialdemokrat, Bedenken gegen diese Idee, weil dadurch „das allmähliche Aufgehen der polnischen Volksteile im Deutschtum erschwert werden könnte“. Vor dem Hintergrund der Gebietsstreitigkeiten zwischen Polen und dem Deutschen Reich sei auch „zu bedenken, dass die polnischen Schulen sich leicht als Kristallisationspunkte der polnischen nationalen Verhetzung entwickeln könnten“. In der Öffentlichkeit hagelte es Proteste: Polnische Schulen im Ruhrgebiet, hieß es etwa, seien „eine nationale Gefahr“. Genehmigungen für öffentliche polnische Schulen im Ruhrgebiet wurden wie schon während des Kaiserreichs nach den Abstimmungen in Oberschlesien 1920 auch von den Behörden der Weimarer Republik nicht mehr erteilt.

Die Offenheit für kulturelle Differenz, die Teile der deutschen Gesellschaft vor dem Ersten Weltkrieg gegenüber Zuwanderern wie den „Ruhrpolen“ gezeigt hatten, machte nach dem Krieg mehr und mehr einer allgemeinen Intoleranz Platz. Selbst Sozialdemokraten pochten nun auf totale Anpassung. Nur „Polen, die deutsch erzogen sind, deutsch fühlen und denken und friedlich ihrer Arbeit nachgehen“, dürften in

Deutschland bleiben, forderte ein Arbeiter auf einer Versammlung in Wanne 1920. Und manchen erschien sogar das noch als zu großzügig: Man müsse sicherstellen, dass „der polnische Bazillus in dem deutschen Stamm keine noch größeren Verheerungen anrichtet, als es bereits der Fall ist", hieß es im nächsten Jahr in einer Recklinghausener SPD-Zeitung, die sich mit diesem medizinischen Bild der Sprache rassistischer Ideologen bediente, um die „Ruhrpolen" zu charakterisieren.

Die polnischen Zuwanderer, von denen ein immer größerer Teil bereits an der Ruhr geboren worden war, reagierten auf die vermehrten Anfeindungen und den verstärkten Anpassungsdruck ganz verschieden. Etwa ein Drittel dürfte in die alte Heimat zurückgegangen sein. Für manche, besonders für Anhänger der polnischen Nationalbewegung wie Jakob Wojciechowski, war für diesen Entschluss auch die Gründung der Republik Polen von Bedeutung. Die Rückwanderer waren in Polen allerdings oft ebenfalls starken Vorurteilen ausgesetzt. Sie galten dort vielfach als „Westfalczyks", die polnischen Traditionen entfremdet seien. Sie waren also doppelt heimatlos geworden.

Andere wanderten statt zurück nach Osten weiter nach Westen: Wohl knapp ein weiteres Drittel der „Ruhrpolen" siedelte in den 1920er Jahren nach Frankreich oder Belgien über. Neben der wachsenden Diskriminierung spielte dabei auch die schlechte wirtschaftliche Lage in Deutschland eine Rolle. Während etwa im Ruhrbergbau als Folge von Rationalisierungsmaßnahmen zahlreiche Beschäftigte entlassen wurden, warben französische und belgische Kohlezechen verstärkt um ausländische Arbeitskräfte.

Wahrscheinlich gut jeder dritte der im Kaiserreich an die Ruhr gekommenen polnischsprachigen Zuwanderer und ihrer Kinder blieb schließlich auch nach dem Ersten Weltkrieg dort.

Darunter war Familie Kochanowski. Die Eltern stammten beide aus Posen. Um 1900 waren sie nach Hamborn gekommen; dort hatten sie bald darauf geheiratet. Ihre zehn Kinder wurden in einer Koloniesiedlung geboren, in der die Bewohner überwiegend, aber nicht ausschließlich polnischsprachige Bergleute und Hüttenarbeiter waren. Auch die Eltern sprachen zu Hause nur Polnisch. Die Kinder wuchsen dagegen seit ihrer Schulzeit zweisprachig auf, mit ihren Freunden und untereinander sprachen sie Deutsch. Die Jüngeren konnten fast gar kein Polnisch mehr, auch wenn sie es noch verstanden.

Beschimpfungen als „Pollacken" ertrugen die Kochanowskis mit stoischem Gleichmut. Gegenüber den Diskriminierungen wegen ihrer Herkunft, die nach 1918 verstärkt vorkamen, legten sie sich ein „dickes Fell" zu. Die Kinder unterhielten auch enge Beziehungen zu deutschen Freunden, Arbeitskollegen und Vereinskameraden. Solche Beziehungen waren für ihre subjektive Identität bedeutender als ihre polnische Herkunft.

Mit dieser gingen sie pragmatisch um. So änderte einer der Söhne, Wladislaus Kochanowski, seinen Vornamen in Walter. Als er nach 1933 keine feste Arbeitsstelle fand, trat er auf Anraten eines Bekannten, der Nationalsozialist war, in die SA ein. Der Bekannte verschaffte ihm daraufhin Arbeit bei Thyssen. Als Gegenleistung verlangte er, dass Wladislaus/Walter Kochanowski seinen Taubenschlag pflegte. Das tat dieser noch bis in die 1950er Jahre hinein. Sein jüngerer Bruder Jan wurde auf Anraten des Nationalsozialisten Mitglied in der Hitlerjugend, obwohl der Dienst dort ihn vom Besuch der polnischen Sonntagsmesse abhielt. Jan hoffte so der Diskriminierung wegen seiner Herkunft zu entgehen und die eigenen Berufsaussichten zu verbessern. Als mit Beginn des Zweiten Weltkriegs 1939 die Funktionäre polnischer Organisationen an der Ruhr verhaftet wurden, geschah den Kochanowski wie dem größten Teil der „Ruhrpolen“ nichts.

Zwar waren sie Mitglied in polnischen Vereinen gewesen. Das hatte aber mit Prinzipien oder gar nationaler Überzeugung nichts zu tun gehabt, sondern sich durch das Aufwachsen in der Kolonie und durch Freunde eher zufällig ergeben. Jan Kochanowski besuchte zwei oder drei Jahre lang einen polnischen Sprachkurs vor allem deswegen, weil es dort leckeres Essen und Süßigkeiten gab. Sein älterer Bruder war in den 1920er Jahren Mitglied in einem Hamborner polnischen Sportverein. Als dieser in den frühen dreißiger Jahren wegen sinkender Mitgliederzahlen kaum noch Trainingsangebote machen konnte, wechselte er ohne weiteres in einen deutschen Verein.

Die polnische Vereinsstruktur im Ruhrgebiet, die bis in den Ersten Weltkrieg hinein beständig gewachsen war, verlor nach dem Krieg immer mehr an Dichte. In den 1930er Jahren waren nicht mehr viele Organisationen übrig. 1939 wurden diese dann verboten. Nach dem Zweiten Weltkrieg entstanden nur noch wenige wieder neu. In Familien wie den Kochanowskis lösten sich in der zweiten, vor Ort aufgewachsenen Generation die Bindungen an das Herkunftsmilieu. Verstärkter Anpassungsdruck durch äußere Diskriminierung trug dazu bei, auch wenn das nicht der alleinige Grund war. Während sich so das Milieu von innen her auflöste, bröckelte es gleichzeitig an den Rändern ab, weil viele der im Kaiserreich zugewanderten „Ruhrpolen“ und ihrer Kinder während der 1920er Jahre in die alte Heimat Polen zurückgingen oder weiterwanderten nach Frankreich und Belgien.

Zudem kamen seit 1918 kaum noch neue Zuwanderer nach. Wie die Tendenz zur Abwanderung hatte das gleichermaßen politische wie wirtschaftliche Gründe. Beide standen in engem Zusammenhang miteinander. Die schlechte wirtschaftliche Lage der Weimarer Republik schreckte im Ausland potentielle Einwanderer ab. Andererseits führte sie in Deutschland selbst dazu, dass Immigranten vor allem als unerwünschte Konkurrenz für einheimische Arbeitskräfte gesehen wurden. Der politische Druck auf Kontrolle und Einschränkung von Einwanderung stieg deshalb, vor allem von Seiten der Arbeiterbewegung.

Gewerkschaften und SPD hatten schon vor dem Ersten Weltkrieg gefordert, dass Einwanderung nicht zu „Lohndumping" führen dürfe: Ausländer sollten ausschließlich unter den für einheimische Arbeitskräfte geltenden Bedingungen beschäftigt werden. Nach der Revolution von 1918, die den Organisationen der Arbeiterbewegung großen Machtzuwachs bescherte, konnten sie diese Forderungen weitgehend in die Praxis umsetzen. Angesichts der krisenhaften Wirtschaftslage wurde darüber hinaus in den 1920er Jahren auf dem Arbeitsmarkt zunehmend das Prinzip des „Inländervorrangs" etabliert. Ausländer durften danach nur in solchen Funktionen beschäftigt werden, für die keine einheimischen Kräfte zu bekommen waren.

Bei den staatlichen Behörden liefen die Vertreter der Arbeiterbewegung mit ihren Forderungen nach „Schutz des nationalen Arbeitsmarkts" ohnehin offene Türen ein. Insbesondere gegenüber potentiellen Zuwanderern aus Osteuropa führten die Behörden die Tradition der „Ausländerkontrolle" mit „Rückkehrzwang" aus der Zeit des Kaiserreichs auch in der Weimarer Republik nahezu bruchlos fort. Allerdings hatten sich im Ersten Weltkrieg die staatlichen Möglichkeiten zum Eingriff in Wirtschaft und Gesellschaft, und damit auch in das Wanderungsgeschehen, noch beträchtlich erhöht. Zudem verstärkten sich durch das Kriegserlebnis in Staat und Gesellschaft die nationalistischen Motive von Migrationspolitik beträchtlich: Mehr denn je diente diese nun dazu, die Gefahren für innere und äußere Sicherheit, Wirtschaft und Kultur Deutschlands abzuwehren, die man von Zuwanderern ausgehen sah.

Besonders misstrauisch beäugt wurden jüdische Migranten aus Osteuropa. Die Zahl dieser politisch verfolgten Flüchtlinge nahm in den Jahren seit dem Ersten Weltkrieg stark zu, während die krisenhafte konjunkturelle Entwicklung der Weimarer Republik vorrangig wirtschaftlich motivierte Zuwanderer abschreckte. Juden waren seit den 1880er Jahren besonders in Russland immer wieder aufflammenden Verfolgungswellen ausgesetzt. Nach der Gründung des neuen polnischen Nationalstaats litten sie auch dort unter Pogromen und Diskriminierung. Zwischen 1914 und 1921 kamen etwa 100.000 Juden aus Osteuropa ins Deutsche Reich, von denen allerdings viele nach Westeuropa oder über den Atlantik weiterzogen. Im Ruhrgebiet dürfte es Anfang der 1920er Jahre bis zu 16.000 dieser Zuwanderer gegeben haben; das war nicht ganz ein Viertel aller Juden in Westfalen und dem Rheinland.

Einer von ihnen war Abraham Pisarek. Er wird 1901 als ältestes von fünf Kindern einer frommen jüdischen Familie in der Stadt Łódź geboren. Łódź gehört damals zu Russland, 1918 wird es Teil Polens. Der neugegründete polnische Staat schließt vorübergehend die jüdischen Schulen – auch das Polytechnikum, für das Pisarek gerade die Aufnahmeprüfung bestanden hat. Der junge Jude geht daraufhin nach Deutschland in der Hoffnung, dort studieren und Ingenieur werden zu können. Er findet zunächst eine Anstellung bei einer Elektrofirma in Leipzig, doch wird er bald darauf als „unerwünschter Ausländer“ aus dem Land Sachsen ausgewiesen.

Pisarek wechselt über die Grenze nach Preußen, ins Ruhrgebiet. Er bekommt Arbeit als Transportarbeiter bei einer

Firma in Herne, die Grubenwagen für Kohlezechen herstellt. Unterschlupf findet er bei anderen Juden, die ebenfalls aus Polen oder Russland gekommen sind. Zu sieben wohnen sie in einer Dachkammer mit vier Betten, arbeiten und schlafen in Schicht. Sie gründen einen Kulturverein, singen Lieder und rezitieren Gedichte aus der alten Heimat und von Heinrich Heine, spielen Theater.

Auf seiner Arbeitsstelle lernt Pisarek einen aus Bayern zugezogenen Gewerkschaftler kennen, der sich seiner annimmt. Der wirbt ihn an für den Allgemeinen Deutschen Metallarbeiterverband. 1920 am Maifeiertag, dem Tag der Arbeit, tritt Pisarek für den Verband bei einer großen Kundgebung auf, als Jugendredner. Die Tochter des Bäckers, bei dem er sein Brot einkauft, hilft ihm mit der deutschen Sprache. Zarte Bande entwickeln sich zwischen ihr und ihm. Pisarek scheint angekommen in einer neuen Heimat.

Doch er hat sich zu früh gefreut. Immer wieder bekommt er Ärger mit einer Gruppe von Arbeitskollegen. Es sind ausgerechnet polnische Zuwanderer, sogar aus derselben Gegend wie Pisarek kommen sie. Ihr Vorarbeiter hasst ihn, weil Pisarek Jude ist und Sozialist, und weil er wegen seiner gehobenen Bildung gleich eine bessere Arbeitsstelle bekommen hat, obwohl doch sonst die zuletzt Zugewanderten die gefährlichsten und am schlechtesten bezahlten Arbeiten übernehmen müssen. Es kommt zu einer Schlägerei. Die anderen drohen Pisarek zu verklagen. Er ist allein, hat keine Zeugen. Und er hat keine Aufenthaltsgenehmigung, muss also mit Abschiebung durch die staatlichen Behörden rechnen. Also flieht er aus Herne, schließlich bis nach Palästina.

Die Staatsbehörden wendeten die Gesetze gegen jüdische Zuwanderer aus Osteuropa äußerst restriktiv an. Anträge auf Einbürgerung wurden meist abschlägig beschieden. In der Regel wurden sie schon im Vorfeld abgelehnt, wenn im Antrag Hinweise fehlten, dass der Antragsteller eine „dem Deutschtum zugeneigte Gesinnung“ habe, die deutsche Sprache in Wort und Schrift beherrsche und auch im alltäglichen Umgang nur Deutsch spreche. Neben ausgeprägtem Nationalismus hatte dieses starke Misstrauen gegenüber osteuropäischen Juden nicht zuletzt auch politische Hintergründe. Vor allem seit der russischen Revolution 1917 wurde ihnen vielfach pauschal unterstellt, Kommunisten zu sein. Das Klischee vom „jüdischen Bolschewismus“ hat hier eine seiner Wurzeln. Es wurde keineswegs nur von Nationalsozialisten geteilt.

In weiten Teilen der deutschen Gesellschaft galten die „Ostjuden“ als „wahre Repräsentanten“ des Judentums. Oft hoben sie sich durch ihre Kleidung und ihre religiösen Gebräuche deutlich von der Masse der Bevölkerung ab – im Gegensatz zur Mehrheit der alteingesessenen deutschen Juden, die im frühen 20. Jahrhundert äußerlich nicht mehr von Nichtjuden zu unterscheiden war. Die Propaganda der Nationalsozialisten betonte deshalb immer wieder, dass sich im „Ostjuden“ die „Minderwertigkeit“, die angeblich die „jüdische Rasse“ insgesamt kennzeichne, in besonders offensichtlicher und unverschleierter Form zeige. Seit der Machtübernahme Hitlers 1933 flüchtete mehr als die Hälfte der deutschen Juden vor der Diskriminierung, mit der das nationalsozialistische Regime zielbewusst Vertreibungsdruck aufbaute. Im Oktober 1938 waren die ostjüdischen Zuwanderer ohne deutschen Pass die ersten Opfer zentral koordinierter staatlicher Deportationen: Insgesamt 17.000 von ihnen wurden aus dem ganzen Deutschen Reich an die polnische Grenze verschleppt und dort ins Niemandsland abgeschoben.

1941/42 deportierten die Nationalsozialisten dann die zuvor nicht geflohenen Juden mit deutscher Staatsangehörigkeit, aus Westfalen und dem Rheinland etwa 30.000 Menschen, in osteuropäische Arbeits- und Vernichtungslager. Die nichtjüdischen Einwohner der Region sahen der Diskriminierung und schließlich der Deportation ihrer jüdischen Mitbürger meist passiv zu, arbeiteten teilweise aber auch aktiv daran mit. Bei der Zusammenstellung jedes einzelnen der Dutzenden von Deportationszügen, mit denen die Opfer 1941/42 in den Tod verfrachtet wurden, waren Hunderte, wenn nicht Tausende von Polizei- und anderen Beamten, Beschäftigte von Gerichten und Reichsbahn, Angestellte von Banken und privaten Firmen beteiligt. Dazu kamen Zehntausende, die jüdisches Eigentum erwarben oder in ehemals jüdische Wohnungen einzogen. Wenn sie nur wollten, konnten diese Menschen ebenso wie alle anderen wissen, was mit den Deportierten im Osten geschah. Nicht wenige Rheinländer und Westfalen beteiligten sich dort auch direkt schon seit 1939 an der Vertreibung und Ermordung von Juden und Polen.

2. „Fremdarbeiter"

Wanderungspolitik im Zeichen nationalistischer Ideologie ist paradox. Einerseits versuchten die Behörden des 1871 gegründeten Deutschen Reichs von jeher, Zuwanderung zu begrenzen und zu verhindern. Seit dem Ersten Weltkrieg wurden sie darin von nahezu der gesamten Gesellschaft unterstützt. Im Nationalsozialismus radikalisierte sich die Politik der Abschottung noch einmal; seit 1938/39 nahm die Abschiebung und Vertreibung vermeintlich „Fremder" aus dem Deutschen Reich gewaltige und groteske Dimensionen an. Andererseits arbeiteten innerhalb Deutschlands schon im Ersten und erst recht im Zweiten Weltkrieg Millionen von Kriegsgefangenen und mehr oder weniger zwangsweise rekrutierten „Fremdarbeitern“ aus ganz Europa. Denn durch die Einberufung von Millionen Männern zum Militär herrschte ein empfindlicher Mangel an einheimischen Arbeitskräften.

Zwischen der Beschäftigung von „Fremdarbeitern“ während der beiden Weltkriege gibt es manche Kontinuitäten. Im Ersten Weltkrieg hatte sie allerdings noch ein deutlich geringeres Ausmaß und eine andere Qualität. Den polnischen Saisonarbeitern, die auch in der westfälischen Landwirtschaft tätig waren, wurde entgegen der bisherigen Politik des „Rückkehrzwangs“ die Heimfahrt nach der Ernte im Spätsommer 1914 verboten. Ab 1915 arbeiteten Kriegsgefangene, hauptsächlich Franzosen und Russen, in deutschen Industriebetrieben. Davon wurden 73.000 allein im Ruhrbergbau eingesetzt. Im nächsten Jahr begann das Deutsche Reich auch Zivilisten aus den von ihm militärisch besetzten Gebieten als Arbeitskräfte zu rekrutieren. Aus den polnischsprachigen Teilen des russischen Zarenreichs kamen so knapp 50.000 Zivilarbeiter nach Westfalen und ins Rheinland. Die Masse der in Belgien rekrutierten etwa 100.000 Arbeitskräfte wurde ebenfalls an Rhein und Ruhr beschäftigt. Theoretisch handelte es sich dabei größtenteils um Freiwillige. Allerdings verfügten die deutschen Besatzungsbehörden neben der Polizeigewalt auch über wirtschaftliche Druckmittel: In den besetzten Gebieten erhöhten sie die Lebensmittelpreise und senkten die Löhne drastisch. Für Männer, die eine Familie durchzubringen hatten, gab es so kaum noch eine Alternative zum „freiwilligen“ Arbeitseinsatz in Deutschland.

Dort wurden die zivilen „Fremdarbeiter“ verschieden behandelt. Während belgische Arbeiter sich seit 1917 relativ frei bewegen konnten, glich die Lage der russisch-polnischen Arbeitskräfte weitgehend der von Kriegsgefangenen. Sie waren in Lagern untergebracht und standen unter Sonderrecht. Wenn sie die Arbeit verweigerten, mussten sie mit Haftstrafen oder Essensentzug rechnen. In manchen Lagern im Ruhrgebiet bildeten sich während des Kriegs zunehmend rassistisch geprägte Hierarchien aus, mit den deutschen Lageraufsehern und Vorarbeitern an der Spitze, die die ausländischen Arbeiter prügelten und um Lohn oder Essen betrogen. Hier deuteten sich in der Realität der Zwangsarbeit vor Ort während des Ersten Weltkriegs bereits Entwicklungen an, die im Zweiten zum vollen Durchbruch kamen.

Offizielle staatliche Politik war das freilich zwischen 1914 und 1918 nicht. Zudem gab es während des Ersten Weltkriegs noch eine kritische Öffentlichkeit in Deutschland. Parlamentarier wie Presse prangerten Auswüchse in den Lagern der ausländischen Arbeiter wiederholt an. Trotz aller Schikanen und Diskriminierung, trotz massiver Ausbeutung: Rassistisch motivierte Ausgrenzung von „Fremdarbeitern“ war noch nicht die Regel. Als 1918 auf der Herner Zeche „Friedrich der Große“ eine Schlagwetterexplosion 26 Bergleute tötete, darunter drei russische und zwei englische Kriegsgefangene, erschienen auch deren Namen wie selbstverständlich auf dem später enthüllten Denkmal für die Opfer des Unglücks.

Während des Zweiten Weltkriegs wäre das, zumindest was die russischen Arbeiter betraf, undenkbar gewesen. Auch die Größenordnungen, in denen „Fremdarbeiter“ im Deutschen Reich eingesetzt wurden, waren im Zweiten Weltkrieg andere. Zum Zeitpunkt des deutschen Angriffs auf die Sowjetunion, im Sommer 1941, lag ihre Zahl mit drei Millionen schon höher als jemals zwischen 1914 und 1918. Bis 1945 waren es insgesamt weit über zehn Millionen – wobei Juden und andere Insassen von Arbeits- und Konzentrationslagern dabei noch ebenso wenig mitgezählt sind wie die Zwangsarbeiter für deutsche Besatzungsbehörden im europäischen Ausland. Allein im Ruhrgebiet schufteten knapp eine halbe Million ausländische Zivilisten. Die größte Gruppe unter ihnen war aus der Sowjetunion verschleppt worden. Mehr als die Hälfte dieser Gruppe waren Frauen und Mädchen, die meisten noch keine 20 Jahre alt.

Eine davon war Tamara Boitschenko aus Taganrog im Süden Russlands an der Mündung des Don ins Schwarze Meer. Kurz nach ihrem fünfzehnten Geburtstag wurde sie im April 1942 mit Tausenden anderen Leidensgenossen in Viehwaggons nach Deutschland gebracht. Zusammen mit einer Gruppe von Mädchen kam sie in verwanzte Baracken in Wanne und arbeitete über Tage auf der Zeche Shamrock. Zweimal am Tag gab es zu essen, Steckrüben und Kohl mit täglich 200 Gramm Brot, dazu pro Woche 100 Gramm Margarine und 200 Gramm Marmelade. Um nicht zu verhungern, riss sie auf dem Weg zur Frühschicht im Schutz der Dunkelheit heimlich aus Kleingärten Kraut und Möhren heraus oder stahl Heu in den Pferdeställen der Zeche und kochte es mit Bohnen. Hin und wieder schenkten ihr deutsche Schulkinder ein Butterbrot.

Später kam sie zur Arbeit in eine Bäckerei. Dort war das Essen besser, aber sie litt sehr unter der autoritären Chefin. Als sie sich einmal gegen deren Drangsalierungen wehrte, wurde sie sofort verhaftet und ohne Prozess zuerst in ein „Arbeitserziehungslager“, dann ins Gefängnis und schließlich ins KZ gebracht. Kurz vor Kriegsende wurde sie entlassen und in Wanne wieder ins Zwangsarbeiterlager gesteckt. Es war streng bewacht und von Stacheldrahtzäunen umgeben. Sie durfte es nur unter Bewachung verlassen, um auf der Zeche arbeiten zu gehen. Die Stadt Wanne sah sie erst, als sie 1945 von amerikanischen Soldaten befreit wurde. Sie war noch keine achtzehn Jahre alt, aber ihre Gesundheit war bereits ruiniert.

Von den 150.000 „Ostarbeitern“, die wie Tamara Boi - tschenko im Ruhrbergbau beschäftigt wurden, starben Zehntausende. Mehr als die Hälfte der russischen Kriegsgefangenen überlebte die deutschen Lager nicht, sondern verhungerte oder fiel völlig entkräftet Infektionskrankheiten zum Opfer. Verantwortlich dafür war in erster Linie rassistisch motivierte Diskriminierung durch die Repräsentanten des nationalsozialistischen Staats. Während „Westarbeiter“, also Zivilarbeiter aus Westeuropa, und französische wie englische Kriegsgefangene die gleiche Verpflegung bekamen wie Deutsche, erhielten osteuropäische Arbeiter vollkommen unzureichende Lebensmittelrationen. Auch die Kleidung besonders der sowjetischen Kriegsgefangenen erschien zeitgenössischen Beobachtern „katastrophal und mit einem Wort menschenunmöglich. Sie war zerlumpt und zerrissen, und bei dem Schuhwerk war es nicht anders, so dass sie vielfach mit Lumpen an den Füßen zur Arbeit gehen mussten.“ Vorschläge, die Versorgung der „Ostarbeiter“ zu verbessern, um sie leistungsfähiger zu machen und ihr Massensterben zu verhindern, fanden bis Kriegsende dennoch nur wenig Gehör. Ein Essener Nationalsozialist erklärte 1942 gegenüber solchen Anregungen nur lapidar: „Wenn Hunderttausend eingehen, kommen weitere Hunderttausend dran.“

Unter den gewöhnlichen Deutschen, die zumindest mit den „Fremdarbeitern“ aus Osteuropa meist nur an der Arbeitsstätte konfrontiert wurden, war die Einstellung diesen gegenüber unterschiedlich. Die brutale Behandlung der Zwangsarbeiter durch Staats- und Parteiorgane, die geringste Verstöße gegen die rigiden Regeln der rassistischen Rangordnung mit drakonischen Strafen ahndeten, war vielen anfangs häufig unangenehm. Als 1941 bei Wattenscheid ein polnischer Landarbeiter, dem man verbotene geschlechtliche Beziehungen zu einem deutschen Mädchen vorwarf, ohne Prozess von der Polizei öffentlich an einem Baum gehängt wurde, rief das in der Bevölkerung Beunruhigung und Ablehnung hervor. Am Arbeitsplatz gab es gelegentlich Solidarität zwischen Deutschen und ausländischen Zwangsarbeitern – meist in Form einer stillen Übereinkunft darüber, es „langsam angehen zu lassen", wenn der Deutsche damit rechnen konnte, nach erfolgter Einarbeitung des Ausländers zur Wehrmacht eingezogen zu werden.

Wo die deutschen Beschäftigten das nicht fürchten mussten, wie etwa im Ruhrbergbau, war Solidarität hingegen dünn gesät. Vielmehr gefielen sich deutsche Bergleute oft mehr und mehr darin, gegenüber den Ausländern die Herren zu spielen. Nicht selten ließen sie die „Fremdarbeiter" die schmutzigsten und gefährlichsten Arbeiten übernehmen, oder auch alle: So stellte ein Betriebsinspektor 1943 im Bergbau einmal fest, dass ein russischer Hauer, der gewöhnlich mit einem Deutschen zusammenarbeitete, bei Krankheit des Deutschen dieselbe Menge Kohle erarbeitet hatte wie sonst angeblich das von dem Deutschen geleitete Team. Russische und polnische Arbeiter wurden unter Tage nicht nur von Aufsehern und Vorarbeitern geprügelt, sondern auch von manchen deutschen „Kollegen" misshandelt.

Dass gerade im Bergbau viele Angehörige der Stammbelegschaften vor dem Ersten Weltkrieg aus dem Osten zugewandert und deshalb diskriminiert worden waren, machte diese keineswegs mitfühlender. Nicht selten war das Gegenteil der Fall. Ein Bergmann aus Recklinghausen umschrieb die dabei wirkenden Mechanismen mit den Worten: „Auf einmal hatten sie welche unter sich, an denen sie ihre Wut ablassen konnten." Die Zwangsarbeiter nahmen nun die unterste Stufe in der betrieblichen Hackordnung ein, die bisher meist die

„Ruhrpolen“ innegehabt hatten. Zudem erlebten manche der vor 1914 Zugewanderten mit polnischen Sprachkenntnissen nun noch eine Rangerhöhung, weil sie zusätzlich als Dolmetscher gefragt waren. Einige nutzten diese Stellung skrupellos auf Kosten der Zwangsarbeiter aus.

Je länger der Zweite Weltkrieg dauerte, desto mehr genoss eine wachsende Zahl von Deutschen die relative Aufwertung ihrer Position, die mit der erzwungenen Zuwanderung aus den besetzten Gebieten verbunden war. Die „Fremdarbeiter“, die in den letzten Jahren des Krieges ein Viertel aller Beschäftigten in Deutschland stellten, bildeten eine neue Unterschicht. Rassistischer Dünkel, von der nationalsozialistischen Führung gefördert und gefordert, breitete sich auch bei Einzelnen und Gruppen aus, die ursprünglich dem Regime kritisch gegenübergestanden hatten.

Die Gewöhnung an die neue, rassistisch begründete Gesellschaftsordnung verband sich zudem für viele mit konkreten materiellen Interessen. Nicht nur bedeuteten kargere Rationen für „Ostarbeiter“ ein größeres Stück vom kriegsbedingt immer kleiner werdenden Kuchen für alle anderen. Lagerleiter, Vorarbeiter, aber auch einfache Köchinnen und kleine Buchhalter zweigten von den geringen Lebensmittelzuteilungen in den Lagern vielfach noch etwas für sich ab. Und angesichts von zerstörerischem Bombenkrieg, schrittweisem Zerfall der Infrastruktur und dem nationalsozialistischen Terror, der im Bemühen um Aufrechterhaltung der Machtposition des Regimes immer wütender wurde, wuchs schließlich in den letzten Kriegsjahren bei den zunehmend um ihr eigenes Überleben zitternden Deutschen auch einfach das blanke Desinteresse am Schicksal der in ihr Land verschleppten „Fremdarbeiter“.

3. Die langen Schatten des Zweiten Weltkriegs

Am Ende des Zweiten Weltkriegs 1945 war Deutschland weithin ein Trümmerfeld. Für die Städte an Rhein und Ruhr, die für britische und amerikanische Bomberflotten leicht erreichbar gewesen waren, galt das in besonderem Maß. Durch die Trümmer schlurften verhärmte Gestalten, auf der Suche nach Essen, einem Dach über dem Kopf, Verwandten und Freunden.

In ganz Europa haben während des Kriegs und danach etwa hundert Millionen Menschen ihre Heimat für immer oder für längere Zeit verlassen müssen. In Deutschland traf dieses Schicksal die Hälfte der Bevölkerung. Wer Wind sät, wird Sturm ernten: Die nationalsozialistische Vertreibungs-, Verschleppungs- und Zerstörungspolitik, akzeptiert von der Masse und aktiv mitgetragen von Teilen der deutschen Bevölkerung, fiel nun auf ihre Urheber zurück.

Aus den Lagern strömten bei Kriegsende die von den Truppen der Alliierten befreiten Kriegsgefangenen und zivilen Zwangsarbeiter, unter ihnen auch Tamara Boitschenko. Sie machten den größten Teil der deutschlandweit fast sieben Millionen „Displaced Persons“, wie sie von den Siegern genannt wurden, aus. Aber schon vier Monate nach Kriegsende war der größte Teil von ihnen wieder in ihre Heimat zurückgebracht worden. Das Zittern der Deutschen vor Racheakten der Zwangsarbeiter, nicht zuletzt ein Ausdruck des eigenen schlechten Gewissens, konnte aufhören. Zumindest für die ehemaligen Zwangsarbeiter und Kriegsgefangenen aus der Sowjetunion war der Leidensweg dagegen noch nicht vorüber: In der Heimat wurden sie vielfach beschuldigt, mit dem Feind zusammengearbeitet zu haben, und deswegen diskriminiert.

Länger waren in Deutschland die Schatten, die von den im Zweiten Weltkrieg durchgeführten Evakuierungen nach dem Krieg geworfen wurden. Etwa neun Millionen Menschen, darunter viele Kinder, hatte das nationalsozialistische Regime angesichts der Zerstörungen durch den Bombenkrieg in den letzten Kriegsjahren aus ihren Heimatstädten ausquartiert, meist in ländliche Gebiete. Weil die Städte der Rheinschiene und des Ruhrgebiets stark zerstört wurden, war die Zahl der Evakuierten im Rheinland und in Westfalen besonders hoch. Ihre Rückkehr lief zunächst schleppend an, weil der Wiederaufbau nur sehr langsam begann. Zwei Jahre nach Kriegsende hatten in den Westzonen noch gut drei Millionen Evakuierte nicht in ihre Heimatstädte zurückkehren können. 1952 warteten immer noch über 100.000 Rheinländer und Westfalen auf eine Wohnung in der alten Heimat. Die Rückführung der letzten Evakuierten zog sich schließlich bis in die 1960er Jahre hin. Immerhin konnten die Heimkehrer weitgehend auf die Solidarität und Hilfsbereitschaft ihrer ehemaligen Nachbarn bauen. Auch die etwa zehn Millionen in Gefangenschaft geratenen Wehrmachtssoldaten, von denen die letzten 1955 aus der Sowjetunion zurückkehrten, wurden mit offenen Armen empfangen.

Anders sah es mit den deutschen Flüchtlingen und Vertriebenen aus dem Osten aus. Mit über zwölf Millionen Menschen stellten sie die größte Gruppe unter den Deutschen, die der Krieg heimatlos gemacht hatte. Und im Gegensatz zu Evakuierten und Soldaten blieben sie es auch auf Dauer. Zweieinhalb Millionen von ihnen ließen sich schließlich in dem 1946 neu gegründeten Land Nordrhein-Westfalen nieder. Dazu kamen bis zum Mauerbau, der 1961 die Teilung Deutschlands in zwei deutsche Staaten verfestigte, noch knapp eine Million Flüchtlinge aus der DDR in das neue Land. Größtenteils erst ab Mitte der 1980er Jahre folgten schließlich eine weitere knappe Million Spätaussiedler, meist aus der Sowjetunion und Polen. Auch sie gehörten zum Erbe des Zweiten Weltkriegs, dessen Schatten damit in der Tat ein sehr langer war.

Zu der großen Gruppe von Flüchtlingen und Vertriebenen, die sich schon in den ersten Nachkriegsjahren in Nordrhein-Westfalen niederließen, gehörte der Historiker Theodor Schieder. 1908 in Bayern geboren, ging er 1934 aus beruflichen und privaten Gründen nach Königsberg in Ostpreußen. Dort engagierte er sich als junger Historiker im nationalen „Volkstumskampf" gegen polnische Gebietsansprüche und trat der NSDAP bei. Zu Beginn des Weltkriegs, unmittelbar nach dem deutschen Sieg über Polen im Herbst 1939, erstellte er eine Denkschrift, in der er die Möglichkeiten einer Vertreibung jüdischer und polnischer Bevölkerung aus den Grenzgebieten erörterte. Während des Kriegs wurde Schieder 1942 zum Professor an der Universität in Königsberg ernannt. 1944, kurz vor der Eroberung Ostpreußens durch die sowjetische Rote Armee, floh er mit Frau und vier Kindern zu Verwandten nach Bayern.

Ohne Stelle, ohne Geld, von Nachbarn Anfeindungen und Denunziationen wegen seiner NSDAP-Parteimitgliedschaft ausgesetzt, für die er sich außerdem in einem zermürbend langen Entnazifizierungsverfahren rechtfertigen musste, lebte Schieder danach vier Jahre in größter räumlicher Enge auf Kosten seiner Verwandten. Er verfiel in periodische Depressionen, sah schon keine Zukunft mehr für sich, bis er 1948 doch noch einen Ruf an die Universität Köln erhielt.

Dort lehrte er bis zu seinem Tod in den 1980er Jahren. Doch am Rhein wurde er nie heimisch. Das Klima gefiel ihm nicht, und auch über die Mentalität der Menschen meinte er, er komme damit nicht zurecht. Voller Nostalgie trauerte er den Rest seines Lebens der ostpreußischen Wahlheimat nach.

Erst Theodor Schieders Kindern, die am Rhein aufwuchsen und zur Schule gingen, wurde Köln zur Heimat.

In einer Hinsicht war Schieders Flüchtlingsschicksal untypisch: Er erlangte nach dem Verlust der Königsberger Professur schließlich in Köln eine neue, konnte also in dem vor 1945 erlernten Beruf weiterarbeiten und damit seinen früheren sozialen wie materiellen Status bald wiederherstellen. Das gelang der Mehrheit der deutschen Flüchtlinge und Vertriebenen aus dem Osten nicht. Für die meisten von ihnen führte die erzwungene Wanderung in den Westen zu einem dauerhaften sozialen Abstieg. Wie die „Ruhrpolen" im Kaiserreich, ja wie die Zwangsarbeiter während des Weltkriegs, in deren ehemaligen Lagern sie nicht selten zuerst untergebracht waren, wurden die Vertriebenen zu einer neuen gesellschaftlichen Unterschicht. Noch zwanzig Jahre nach Kriegsende verfügten sie in Nordrhein-Westfalen deutlich seltener über Wohneigentum als die Alteingesessenen. Sie waren weit häufiger als Arbeiter und viel weniger als Selbstständige tätig. Ihr durchschnittliches Einkommen war geringer – und blieb es, obwohl das Bundesgesetz über den Lastenausgleich seit 1953 Milliarden zu ihren Gunsten umverteilte und der Abstand zu den Nichtvertriebenen sich seit den 1960er Jahren immerhin verringerte.

Sonst war Schieders Schicksal allerdings in vielem durchaus repräsentativ. Wie er lebten die meisten Vertriebenen und Flüchtlinge jahrelang in materiell wie räumlich sehr beengten Verhältnissen, unter größter psychischer Belastung. Wie er fanden die meisten nach 1945 erst auf dem Land Unterschlupf. Die ländlich geprägten Flächenländer Bayern, Schleswig-Holstein und Niedersachsen nahmen im Westen zunächst die Mehrzahl der Vertriebenen auf. In Nordrhein-Westfalen war ihre Zahl anfänglich wesentlich geringer. Dort kamen sie überwiegend in westfälischen Landkreisen unter. Denn in den zerbombten Städten und Industriezentren waren mehr Wohnungen zerstört als auf dem Land. In den Landkreisen fiel zudem die Versorgung der zusätzlichen Esser mit Nahrung etwas leichter. Erst als die Lebensmittelversorgung sich stabilisierte und der Wiederaufbau der Städte begonnen hatte, seit etwa 1948, setzte eine neuerliche Bewegung der Flüchtlinge vom Land in die industriellen Zentren ein. Innerhalb der britischen Zone wurden nun Hunderttausende Vertriebene, die in den norddeutschen Ländern in Lagern lebten, nach Nordrhein-Westfalen umgesiedelt.

Millionen Vertriebenenschicksale lassen sich allerdings nur schwer über einen Kamm scheren. Die individuell gemachten Erfahrungen unterschieden sich in vielem. So spricht einiges dafür, dass Flüchtlinge und Vertriebene in nordrhein-westfälischen Städten tendenziell mehr Solidarität erfuhren, schneller sozial integriert wurden und sich von den Einheimischen weniger diskriminiert fühlten als auf dem Land. Wo die Industriezentren zerbombt waren, wie etwa in großen Teilen des Ruhrgebiets, ging es den Alteingesessenen kaum besser als den Neuankömmlingen. Wo fast alle fast alles verloren hatten, gab es auch für die Einheimischen kaum noch soziale Besitzstände zu verteidigen. So konnte man hier eher gemeinsam bei null anfangen.

Auf dem Land war dagegen mehr Wohnraum unzerstört geblieben. Mit Hausbesitz und Produktionsmitteln blieben auch die sozialen Hierarchien dort intakter. So wurden die vertriebenen Zuwanderer im ländlichen Westfalen und am Niederrhein nach 1945 eher als lästig angesehen – wenn nicht sogar als Bedrohung, gegen die es überkommene Besitzstände zu verteidigen, Traditionen zu wahren galt. Außerdem gab es auf dem Land kaum Erfahrungen mit der Integration von Zugewanderten. Schließlich waren es bisher fast ausschließlich die Städte gewesen, die Ziel von Massenwanderungen gewesen waren. Hier konnten Verwaltungen, gesellschaftliche Institutionen und Einzelne im Umgang mit den Vertriebenen und Flüchtlingen an die Erfahrungen anknüpfen, die sie bereits mit früheren Zuwanderern gemacht hatten.

Freilich gab es dabei durchaus auch Unterschiede zwischen einzelnen Städten. Die Erfahrungen mit Flüchtlingen waren andere. Der Grad der Zerstörung in den Städten war verschieden. Zudem differierte die Zahl der jeweils aufgenommenen Vertriebenen und die Möglichkeit der Institutionen vor Ort, auf ihre Ansiedlung und Verteilung Einfluss zu nehmen. All diese Bedingungsfaktoren, zu denen jeweils noch spezifische lokale Konstellationen und das Wirken von Individuen hinzukamen, spielten für das Verhältnis von Einheimischen und Vertriebenen eine Rolle.

Konfliktfrei war dieses Verhältnis auch in den Städten nicht – noch nicht einmal im Ruhrgebiet. In Hamm etwa kam es in den frühen 1950er Jahren zu heftigen Auseinandersetzungen um die Verteilung von neu erbauten Wohnungen. Dabei erhoben Vertreter der Vertriebenen den Vorwurf, eigentlich für die Flüchtlinge vorgesehene Neubauten würden durch Vetternwirtschaft unter den Alteingesessenen deren Angehörigen zugewiesen. In Münster konnten die Zuwanderer während der gesamten 1950er Jahre darüber klagen, dass sie in der kommunalen Verwaltung, der Postdirektion, der Universität oder den Kirchen keinerlei gehobene Funktionen bekleideten. Der einzige prominente Vertriebene in der Stadt, Otto Mierzowski aus dem schlesischen Gleiwitz, stand im Tor des SC Preußen Münster.

Solche Diskriminierungserfahrungen provozierten vielfach nicht nur wortreiche Proteste, sondern führten auch zur Gründung politischer Organisationen. Zwar nahm die Mitgliederzahl des nordrhein-westfälischen Landesverbands der Ostvertriebenen seit seiner Gründung 1949 kontinuierlich ab – obwohl die Zahl der Flüchtlinge weiter wuchs. Auch der 1950 in Schleswig-Holstein entstandene Bund der Heimatvertriebenen und Entrechteten blieb in Nordrhein-Westfalen, anders als in seinem ländlich geprägten Ursprungsland, insgesamt relativ erfolglos: Der Sprung in den Düsseldorfer Landtag gelang ihm nie. Aber die etablierten Parteien bemühten sich um ein Profil als Interessenvertreter auch der Vertriebenen, schon weil es sich bei diesen um eine große Wählergruppe handelte. Die Zahl der aus Ostdeutschland stammenden Stadträte nahm in den meisten kommunalen Parlamenten so in den 1950er Jahren beständig zu.

Seit Mitte des Jahrzehnts zahlte sich das zunehmend in einer sichtbaren symbolischen Präsenz der Vertriebenenproblematik im öffentlichen Raum der Städte aus. Insbesondere in den Neubauvierteln wurden Straßen nach Regionen und Orten benannt, aus denen die Flüchtlinge gekommen waren. Nordrhein-westfälische Kommunen übernahmen Patenschaften für ostdeutsche Städte. Auf dem Hammer Marktplatz durften vertriebene Schlesier jedes Jahr einen Maibaum aufstellen. In Münster wurde im Rathaus ein Konferenzzimmer mit Fotos von Städten jenseits der Oder-Neiße-Linie als „Ostdeutscher Raum" hergerichtet.

Mitte der 1960er Jahre schienen die Vertriebenen zumindest äußerlich in den meisten Städten, aber auch in den Landkreisen integriert. Sie rückten nun vielfach in kommunale und gesellschaftliche Spitzenämter auf. Der Boom des „Wirtschaftswunders" hatte die Wohnungsprobleme gelöst: Notbaracken aus Holz und Wellblech, in denen manche Flüchtlinge in Nordrhein-Westfalen noch bis in die späten fünfziger Jahre hausen mussten, gehörten endlich der Vergangenheit an. Die nach dem Krieg gegründeten Vertriebenenvereine begannen Mitgliederrückgänge zu verzeichnen. Auf den Westfalentagen gab es seit 1963 keine speziellen Vertriebenenthemen mehr – auch das ein Anzeichen dafür, dass die Integration der Flüchtlinge nicht mehr als Problem wahrgenommen wurde.

In den späten 1970er und den 1980er Jahren begann die Generation derjenigen, die als Erwachsene Flucht und Vertreibung durchlitten hatten, wegzusterben. Parallel dazu setzten in den Vertriebenenmilieus, wo sie lokal noch erhalten waren, Zerfallserscheinungen ein. Die Zahl von Vertretern der Flüchtlinge in den Stadträten ging zurück. Aus den Patenschaften für ostdeutsche Städte wurden Partnerschaften mit polnischen Städten, die früher einmal Breslau oder Allenstein geheißen hatten, nun aber immer öfter Wrocław und Olsztyn genannt wurden. Mehr und mehr Vertriebenenvereine lösten sich auf. Seit den ersten Nachkriegsjahren bestehende Jugendgruppen stellten ihre Treffen mangels Interessenten ein. Gleichzeitig fielen unter den Alteingesessenen die letzten Schranken gegenüber den Zugewanderten: Selbst die ländlichen Schützenvereine, die in manchen westfälischen Dörfern bis dahin die letzten geschlossenen Bastionen der Einheimischen dargestellt hatten, öffneten schließlich ihre Reihen für die Flüchtlinge aus dem Osten.

Auf dem Land war das Verhältnis zwischen Alteingesessenen und Vertriebenen von Anfang an gespannter gewesen. In den ersten Jahren nach Kriegsende war es hier immer wieder zu heftigen Konflikten um die Verteilung von Lebensmitteln, von Brennholz, von Wohnraum gekommen. In westfälischen Landgemeinden hatten die deutschen Behörden häufig Polizei oder englische Besatzungssoldaten um Hilfe bitten müssen, wenn sie Unterkünfte für Vertriebene hatten requirieren wollen, denn freiwillig gaben die einheimischen Bauern in der Regel nichts her. Meist schliefen die Flüchtlinge selbst dann noch im Viehstall.

Auseinandersetzungen zwischen den so Einquartierten und den Alteingesessenen waren oft vorgekommen und nicht selten mit körperlicher Gewalt ausgetragen worden. In der westfälischen Gemeinde Heek bei Ahaus kam es 1949 zu einer Prügelei zwischen dem Sohn eines Hausbesitzers und zwei dort einquartierten Vertriebenen, die danach beide ärztlich versorgt werden mussten. Die Lokalzeitung kommentierte: „Das Geschehnis wäre weniger von öffentlichem Interesse, wenn dasselbe nicht allzu sehr ähnlichen Vorkommnissen glich." Am Niederrhein war es kaum anders. So gab es in Büderich bei Neuss nach einem Bericht des Gemeindedirektors 1947 wegen der Vertriebenen „in jedem zweiten Haus Streit".

Die Flüchtlinge fühlten sich von den alteingesessenen Bauern wie „Sklavenarbeiter" behandelt. Auch neutrale Beobachter meinten, dass „die Ankommenden wie Sklaven von den Bauern auf ihre Leistung taxiert" würden. Tatsächlich wirkten bei den Einheimischen, und nicht nur auf dem Land, vielfach Stereotype aus der Kriegs- und Vorkriegszeit nach: Die Vertriebenen standen aus dieser Sicht in einer Reihe und Kontinuität mit den Zwangsarbeitern während des Kriegs und mit den polnischen Saisonarbeitern auf dem Land beziehungsweise den „Ruhrpolen" in der Stadt vor dem Krieg. Wie diese waren die Vertriebenen heruntergekommen, zerlumpt und verdreckt. Und wie bei diesen führte solche Wahrnehmung nicht selten zu dem Bild auch einer biologischen „Minderwertigkeit". Wie die Zwangsarbeiter im Krieg und die Zuwanderer davor kamen auch die Vertriebenen aus dem Osten. Wie diese übernahmen sie gezwungenermaßen die unbeliebtesten Arbeiten. Und wie diese wurden sie dann bezeichnenderweise auch als „Pollacken" beschimpft.

Die so Diskriminierten konnten zwischen drei Alternativen wählen: Ausweichen, Einigeln oder kompromisslose Anpassung. Sobald es gegen Ende der 1940er Jahre möglich war, gingen viele der zunächst in ländlichen Gebieten untergebrachten Vertriebenen in die Städte. Dort war die Distanz zu den Alteingesessenen geringer, die Möglichkeit zum sozialen Aufstieg größer. Die auf dem Land bleibenden Flüchtlinge isolierten sich entweder so gut es ging in einer eigenen Welt, verspannen sich mit Leidensgenossen in einem Kokon von nostalgischer Pflege alter Traditionen – eine vor allem bei den Älteren verbreitete Neigung. Oder sie setzten auf völlige Assimilation, wie meist die Jüngeren: Sie bauten Häuser, demonstrierten soziale „Tüchtigkeit" und versuchten, in jeder Hinsicht so zu werden wie die Einheimischen.

Genau das erwarteten diese in der Regel. Anfang der 1950er Jahre organisierte etwa der Verein der Neusser Heimatfreunde eine groß aufgezogene Veranstaltung, zu der die Vertriebenen aus der Stadt und dem Umland ebenso eingeladen waren wie der nordrhein-westfälische Ministerpräsident Karl Arnold. Das Motto des Festakts war „Einander Kennen Lernen und das Fremde überwinden". In seinem Mittelpunkt stand ein Vortrag in rheinischer Mundart, der unter dem Titel „Dat ess ons Heimat" den Vertriebenen die Stadt Neuss näher bringen sollte. Ganz offensichtlich stand dahinter die Vorstellung, dass das zu überwindende „Fremde" allein die von den Zuwanderern mitgebrachte ostdeutsche Identität sei und die Voraussetzung des Kennenlernens deren vollständige kulturelle Anpassung. Die Eingliederung der Vertriebenen gelang denn auch immer dort am besten und schnellsten, wo sie dieselbe religiöse Konfession mitbrachten wie die Alteingesessenen.

Toleranz für kulturelle Vielfalt, Offenheit für Anderssein war nicht das Rezept für die Integration der Flüchtlinge aus dem Osten. Den Vertriebenen wurde das sehr deutlich gemacht, und zumindest die Jüngeren richteten sich notgedrungen danach. In den Worten einer aus der Slowakei nach Neuss geflüchteten jungen Frau: „Das Eingliedern ist uns nicht schwergefallen, denn wir haben uns angepasst. Wir wussten, wir können nicht mehr zurück."

Doch selbst bei vollständiger Assimilation erlebten Vertriebene noch Diskriminierung und Isolation. Mitglieder einer ostpreußischen Familie, die 1948 als Schulkinder über die DDR auf einen Bauernhof im Landkreis Neuss kamen, erinnerten sich noch mehr als vierzig Jahre später: „Obwohl wir uns nicht polnisch unterhalten haben, wurden wir von den einheimischen Nachbarn für Polen gehalten und gemieden. Trafen wir einheimische Schulkameraden, wurden diese von ihren Müttern ins Haus geholt. Näheren Kontakt bekam man allenfalls zu Nachbarn, die ebenfalls zugezogen waren ... Obwohl alle Familie, Haus und Auskommen haben, fühlen wir uns entwurzelt und heimatlos. Vieles ist uns hier bekannt, doch nicht alles vertraut. Unseren Kindern ist alles hier vertraut und Heimat geworden."

Die Eingliederung der Vertriebenen in die deutsche Nachkriegsgesellschaft wird oft als eine Erfolgsgeschichte geschrieben. Der politische und gesellschaftliche Sprengstoff, den die Millionen meist mittellosen Flüchtlinge darstellten, konnte durch den Boom des „Wirtschaftswunders" und den energisch angepackten Wiederaufbau glücklich entschärft werden. Sicherlich war die Integration der Vertriebenen in ein weitgehend zerstörtes Land eine gewaltige Leistung. Sie war allerdings nicht zuletzt die Leistung der Vertriebenen selbst. Und ihre Integration hinterließ schwerwiegende soziale und mentale Folgeschäden unter den Flüchtlingen, zumindest bei der Elterngeneration. Die Schatten des Zweiten Weltkriegs waren lang. Seine Narben verheilten erst spät. Vielfach blieben sie offen bis zum Tod der Elterngeneration ab den 1980er Jahren.

Im selben Jahrzehnt begann die gleiche Geschichte mit der Zuwanderung der Spätaussiedler erneut. Noch einmal wiederholten sich die ineinander greifenden Mechanismen von Ausgrenzung und überzogenen Assimilationserwartungen auf der einen, Isolation und eigener Milieubildung auf der anderen Seite. Noch einmal wiederholte sich die Entstehung einer sozial benachteiligten und mental traumatisierten Unterschicht aus Zugewanderten. In weitaus größerem Maßstab hatte diese Geschichte sich jedoch schon früher in der Bundesrepublik und dem Land Nordrhein-Westfalen wiederholt – nämlich bei der bereits in den 1950er Jahren einsetzenden Zuwanderung der Arbeitsmigranten aus dem Mittelmeerraum, der „Gastarbeiter".

V. Einwanderungsland Nordrhein-Westfalen

1. Die „Gastarbeiter“ kommen

„Fleißige Leute sind in der Bundesrepublik Deutschland gut angesehen. Die Bundesrepublik Deutschland entbietet Ihnen, die Sie fleißige Menschen sind, ein herzliches Willkommen und versichert Ihnen, dass Sie sich auf ihre Gastfreundschaft verlassen können ... Die Deutschen verhalten sich anderen Völkern gegenüber im allgemeinen zurückhaltend. Aber sie sind hilfsbereit und in ihren Kontakten zu Ausländern verständnisvoll. Besonders dann, wenn der Ausländer ein fleißiger Mensch ist, und wenn sie sehen, dass er aufrichtig seine Arbeit tut, bringen sie ihm Hochachtung entgegen.“

Mit diesen Worten wurden potentielle „Gastarbeiter“ in einem „Ratgeber für türkische Arbeitnehmer“ begrüßt, den die Bundesanstalt für Arbeit 1963 herausgab. Sie sind in mancher Hinsicht aufschlussreich. Man kann sie verstehen als eine klischeehafte Selbstdarstellung der Bundesrepublik Deutschland als eines Landes voller arbeitsamer, fleißiger Menschen. Man kann sie vielleicht auch lesen als Ausdruck einer professionellen Deformation von Beschäftigten der Bundesanstalt, die in Deutschland nicht anderes als ein Land der Arbeit sehen konnten. Sicherlich aber geben sie Aufschluss darüber, was das zentrale Motiv dafür war, dass die Bundesrepublik seit Mitte der 1950er Jahre ihre Grenzen für Mi -

granten aus dem Mittelmeerraum öffnete – nämlich ein drückender Mangel an Arbeitskräften.

Besonders in den kriegszerstörten Industriegebieten Deutschlands, zu denen gerade auch die städtischen Kernräume des 1946 neu gegründeten Landes Nordrhein-Westfalen gehörten, hatte nach dem Zweiten Weltkrieg zunächst große Arbeitslosigkeit geherrscht. Mit dem Beginn des Wiederaufbaus Ende der 1940er Jahre begann die Zahl der Beschäftigten jedoch schnell anzusteigen. Der Koreakrieg löste in den frühen 1950er Jahren dann einen industriellen Wachstumsboom aus. Die Nachfrage nach Arbeitskräften erhöhte sich noch einmal. Hunderttausende Menschen zogen deshalb ins Ruhrgebiet und an den Rhein. Zunächst handelte es sich vor allem um Vertriebene und solche Alteingesessenen aus ländlichen Regionen, die durch Rationalisierung landwirtschaftlicher Betriebe ihre Arbeit dort verloren hatten. Um 1955 war dieses Arbeitskräftepotential jedoch weitgehend ausgeschöpft. Die hohen Arbeitslosenraten der Nachkriegszeit waren Vergangenheit: Für fast zwei Jahrzehnte sollte in der Bundesrepublik nun Vollbeschäftigung herrschen. Der schier unersättliche Hunger der Industrie nach Arbeitskräften ließ sich bis 1961 noch einigermaßen mit den Flüchtlingen aus der DDR stillen. Doch dann versiegte mit dem Mauerbau auch diese Quelle.

Deutsche Firmen hatten bereits in den frühen 1950er Jahren versucht, Arbeiter aus dem Ausland anzuwerben – vor allem aus Italien. Die Gewerkschaften sahen das zunächst nicht eben gern. Zu Recht vermuteten sie hinter den Anwerbeaktionen der Unternehmer die Absicht, für Konkurrenz auf dem Arbeitsmarkt zu sorgen, um die Löhne möglichst niedrig zu halten. Im Interesse ihrer eigenen Klientel pochten die Gewerkschaften stattdessen auf das in der Weimarer Republik etablierte Prinzip des „Inländervorrangs“. Erst als Mitte der

1950er Jahre die Vollbeschäftigung erreicht war, weichte ihre skeptische Einstellung gegenüber der Anwerbung von ausländischen Arbeitskräften langsam auf.

1955 kam es zu einem offiziellen Anwerbeabkommen zwischen der Bundesrepublik Deutschland und Italien. Auf deutscher Seite hatte nicht zuletzt das Wirtschaftsministerium dazu gedrängt, das in der Bundesregierung die Interessen der Arbeitgeber wahrnahm. Die Arbeitnehmerinteressen vertraten das Arbeitsministerium und die Bundesanstalt für Arbeit, die in dem Abkommen die Gleichbehandlung der ausländischen mit den einheimischen Arbeitskräften in sozialrechtlicher Hinsicht durchsetzten: Für die Italiener sollten die gleichen Tarifverträge gelten wie für Deutsche, und sie sollten nach den gleichen Bedingungen sozialversichert werden. Dahinter stand freilich weniger das Motiv, eine Diskriminierung der Ausländer zu verhindern, als vielmehr die Absicht, möglicher „Lohndrückerei" bei den deutschen Beschäftigten durch Import billigerer ausländischer Arbeitskräfte einen Riegel vorzuschieben.

Diese Regelung sollte Modellcharakter für alle weiteren Anwerbeabkommen der Bundesrepublik mit Mittelmeerländern haben. Während der 1950er Jahre kamen zunächst nur wenige Italiener, um nördlich der Alpen zu arbeiten. 1960 gab es in der westdeutschen Wirtschaft weit über eine halbe Million offene Stellen, denen weniger als 100.000 Arbeitssuchende gegenüberstanden. Im selben Jahr schloss die Bundesregierung mit Spanien und Griechenland Abkommen über die Anwerbung von Arbeitskräften aus diesen Ländern. 1961 folgte ein Vertrag mit der Türkei. Dieser sollte langfristig die meisten „Gastarbeiter" in die Bundesrepublik bringen. Kaum Wirkung hatten dagegen die Anwerbeabkommen, die 1963 mit Marokko und 1965 mit Tunesien getroffen wurden. Von größerer Bedeutung waren die 1964 und 1968 abgeschlossenen Übereinkünfte mit Portugal und Jugoslawien.

Neben dem Bedarf an Arbeitskräften spielten auf deutscher Seite auch außenpolitische Rücksichten eine Rolle beim Abschluss dieser Verträge. Von besonderer Wichtigkeit waren außenpolitische Überlegungen bei dem ersten Anwerbeabkommen mit Italien. Das Auswärtige Amt setzte sich in der Bundesregierung mit Nachdruck für dieses Abkommen ein, weil damit die Arbeitslosigkeit in dem Mittelmeerland abgebaut und so kommunistischen Tendenzen in der italienischen Bevölkerung entgegengewirkt werden könne. Auch beim Abschluss der Verträge mit Griechenland und Portugal wurde teilweise so argumentiert.

Italien war wie die Bundesrepublik zudem ein Mitglied der Montanunion, der Keimzelle der europäischen Einigung. Griechenland und Portugal waren NATO-Verbündete, Spanien durch separate Stützpunktabkommen dem westlichen Bündnis angeschlossen. Jugoslawien verfolgte, obwohl kommunistisch, einen „dritten Weg" zwischen den Militärblöcken, und das Anwerbeabkommen mit dem Balkanstaat sollte aus deutscher Sicht auch dazu dienen, diesen mehr dem Westen anzunähern. Bei dem Vertrag mit der Türkei, die für die NATO eine wichtige strategische Lage im Süden der Sowjetunion besaß, waren außenpolitische Motive auf deutscher Seite von besonders großer Bedeutung. Und die Abkommen mit Tunesien und Marokko sollten unter anderem dazu dienen, diese Staaten von einer diplomatischen Anerkennung der DDR abzuhalten.

Die Regierungen der Mittelmeerländer, mit denen die Verträge über die Entsendung von Arbeitskräften in die Bundesrepublik abgeschlossen wurden, hatten dafür ihre eigenen Gründe. Italien, die Türkei, Spanien, Portugal, Griechenland und Jugoslawien waren industriell weniger entwickelt. Die Anwerbeabkommen sollten zur wirtschaftlichen Entwicklung des eigenen Landes beitragen. Mittelfristig erhofften sich die Regierungen der Mittelmeerstaaten einen Kapitaltransfer aus der Bundesrepublik, in der wesentlich höhere Löhne gezahlt wurden, durch Geldüberweisungen der Arbeitsmigranten an ihre Familien nach Hause. Langfristig rechneten sie damit, dass die Migranten sich in Deutschland technisches Know-how aneignen würden, von dem nach ihrer erwarteten Rückkehr die eigene Volkswirtschaft profitieren konnte. Die im Vergleich mit Deutschland relativ hohe Arbeitslosigkeit, die in den Entsendeländern am Mittelmeer während der späten 1950er und 1960er Jahre herrschte, war für deren politische Eliten ebenfalls ein Motiv, die Anwerbeabkommen mit der Bundesrepublik zu unterzeichnen. Denn mit Ausnahme Italiens wurden alle diese Länder mehr oder weniger diktatorisch regiert. Arbeitslosigkeit erschien als eine potentielle Ursache für innenpolitische Unruhe, für die es in den Diktaturen kein demokratisches Ventil gab. Vom Export überzähliger Arbeitskräfte versprachen die Diktatoren sich einen Beitrag zur Lösung dieses Problems. Und schließlich wollten die Regierungen der Entsendeländer den durch einzelne Anwerbeaktionen deutscher Unternehmen schon in Gang gekommenen Prozess der Arbeitswanderung unter staatliche Kontrolle bringen und steuern.

Dass die Wanderung bereits ohne staatliche Initiative begonnen hatte, zeigt freilich, wie sehr die „Gastarbeiter" selbst oft andere Ziele verfolgten. Viele nahmen zwar die Arbeit in der Fremde deswegen an, um ihre zunächst zurückgelassenen Angehörigen besser versorgen zu können. Einen Teil des in Deutschland verdienten Geldes sandten sie zurück in die alte Heimat. Darin erschöpften sich allerdings schon die Übereinstimmungen mit den Absichten der Regierungen. Zahlreiche Migranten gingen gerade deshalb in die Bundesrepublik, um einem repressiven politischen oder gesellschaftlichen Klima in ihrer Heimat zu entfliehen. Wirtschaftliche Notlagen trugen zwar oft zu der Entscheidung bei, sich auf Arbeitsstellen in Deutschland anwerben zu lassen. Das allein war freilich nie eine hinreichende Begründung für diesen Entschluss. Denn wesentlich mehr Menschen, die in der Türkei, Italien oder Jugoslawien unter ähnlichen Notlagen litten, gingen nicht in die Bundesrepublik. Tatsächlich waren es durchschnittlich relativ gut ausgebildete und sogar häufig – für den Standard der Entsendeländer – besser verdienende Menschen, die diese verließen. Und wenn auch fast alle „Gastarbeiter" sich ursprünglich tatsächlich als „Gäste" in Deutschland verstanden und davon ausgingen, früher oder später in ihr Heimatland zurückzukehren, blieben Millionen von ihnen schließlich auf Dauer. Das wiederum konnte ganz verschiedene Gründe haben.

Giuseppe La Torre stammte aus Süditalien, wie nahezu alle italienischen „Gastarbeiter" in Deutschland. Geboren wurde er 1923 in einem Dorf am Abhang des Monte Gargano, dem Sporn des italienischen Stiefels. Sein Vater war ein Kleinbauer, der Giuseppe nach vier Jahren aus der Schule nahm, weil der Junge nun mithelfen müsse, Geld zu verdienen. Die Familie besaß ein kleines steiniges Stück Land in den Bergen, auf dem einige Mandel-, Feigen- und Olivenbäume wuchsen – zu wenig, um sechs Kinder zu ernähren. Giuseppe schuftete mal als Hirte, mal als Waldarbeiter. Es war harte und gefährliche Arbeit. Einmal wurde er im Winter im Wald eingeschneit, beinahe wären ihm die Füße abgefroren. Immer wieder suchte er oft Wochen nach einer neuen bezahlten Tätigkeit. Er heiratete früh, mit 24 Jahren war er schon Vater von zwei Kindern, die er häufig tagelang nicht sah.

Als er 1957 davon hörte, dass in Deutschland Bergarbeiter gesucht würden, meldete er sich sofort. Er kam auf die Zeche Pluto in Herne. Selbst als er drei Finger unter einer Lore verlor, hielt ihn das nicht vom Weitermachen ab: Härter und schwieriger als das, womit er bisher sein Geld verdient hatte, konnte auch ein Job im Bergwerk nicht sein. Sobald es ging, ein knappes Jahr später, kamen seine Frau und seine Kinder nach. Die Familie wohnte in einem Barackenlager auf dem Zechengelände. Die Unterkunft war spartanisch eingerichtet und klein. Aber der Vater konnte nun jeden Tag seinen Feierabend mit Frau und Kindern verbringen. Und es gab genug Gesellschaft: Viele andere italienische Familien wohnten ebenfalls in dem Barackenlager. Giuseppe hatte ein festes und sicheres Einkommen, das zudem deutlich höher war als alles, was er in Italien jemals verdient hatte.

Mit der Zeit zogen immer mehr Arbeitskollegen aus dem Barackenlager in Wohnungen in der Stadt und richteten sie für teures Geld mit Möbeln ein. Familie La Torre dachte zunächst gar nicht daran. Giuseppe hatte gesehen, wie Kollegen sich verschuldeten, um Wohnungseinrichtung zu kaufen, aber dann wegen Heimweh alles wieder abstoßen mussten. Das sollte ihm nicht passieren. Er plante, nur wenige Jahre in Deutschland zu bleiben. Zur Einschulung des ältesten Kindes wollte die Familie nach Italien zurückkehren.

Aber tatsächlich hatte sich die Familie schon mehr in Deutschland eingelebt, als ihr bewusst war. Das erkannte Giuseppe La Torre, als er mit Frau und Kindern 1961 zum ersten Mal seit vier Jahren eine Reise in die alte Heimat antrat. Bis Mailand empfand er die Fahrt mit dem Zug als angenehm und komfortabel. Doch die Züge in den Süden Italiens erschienen ihm ungewohnt überfüllt. Überall stapelte sich Gepäck, selbst in den Toiletten. Es war, wie er sich noch mehr als vier Jahrzehnte später erinnerte, „schrecklich! … Wer dringend musste, konnte nur in die Hose machen. Die armen Kinder – wie wir das geschafft haben!“

Die Verhältnisse in seiner alten Heimat erschienen ihm jetzt chaotisch, unorganisiert. Er hatte, wie er sich nun eingestand, in den letzten Jahren Gefallen gefunden an „deutscher Ordnung“. Hinzu kam, dass seine Kinder vor der Reise in Herne in einen deutschen Kindergarten gekommen waren. Während sie bisher nur die Dialekte der anderen italienischen Kinder im Barackenlager gelernt hatten, begannen sie nun Deutsch zu sprechen. Über die Kinder begannen auch Giuseppe La Torre und seine Frau erste Kontakte zu Einheimischen zu knüpfen. Dann bekamen sie eine Zechenwohnung außerhalb des Werksgeländes angeboten. Die Wohnung war gut und günstig. Sie griffen zu, und irgendwann entschlossen sie sich, ganz im Ruhrgebiet zu bleiben. Ihren Urlaub verbrachten sie schließlich lieber im Sauerland als in Süditalien.

Die Integration von Giuseppe La Torre und seiner Familie war ein Prozess aus vielen kleinen Schritten. Freilich war sie keine kontinuierliche „Erfolgsgeschichte“; sie lief nicht ohne Probleme und Anfeindungen ab. Mit seinen deutschen Arbeitskollegen glaubte Giuseppe La Torre sich zwar zunächst gut zu verstehen. Doch als die Familie das fast ausschließlich von Italienern bewohnte Barackenghetto auf dem Zechengelände verließ und in die ihnen angebotene Werkswohnung zog, lernte er die Deutschen von einer anderen Seite kennen. Jetzt wurde er, zum Teil von denselben Personen, mit stereotypen Vorurteilen und Feindseligkeit konfrontiert: „Die deutschen Kollegen, mit denen ich auf der Arbeit prima auskam, riefen, wenn wir Italiener einziehen wollten: ‚Italiener im Haus? Oh, Katastrophe! Die machen viel Kinder und noch mehr Krach!‘“

Giuseppe La Torre gehörte zu den ersten Arbeitsmigranten aus dem Mittelmeerraum, die seit Mitte der 1950er Jahre nach Deutschland kamen. Als er sich 1957 anwerben ließ, lag die Zahl der ausländischen Arbeitnehmer in der Bundesrepublik erst knapp über 100.000. Das war deutlich weniger als ein Prozent aller Beschäftigten. Seit etwa 1960 stieg ihre Zahl dann steil an. Im Sommer 1966 erreichte sie mit 1,3 Millionen einen ersten Höhepunkt. Ungefähr jeder sechzehnte Beschäftigte in der Bundesrepublik stammte zu diesem Zeitpunkt aus dem Ausland. Über 400.000 von ihnen arbeiteten in Nordrhein-Westfalen. Das war in absoluten Zahlen mehr als in jedem anderen Bundesland. Zumindest an dieser Relation hat sich bis heute auch nichts geändert.

Mitte der 1960er Jahre waren Italiener am zahlreichsten unter den ausländischen Arbeitnehmern: Knapp ein Drittel hatte die italienische Staatsangehörigkeit. Jeweils etwa ein Sechstel kam aus Spanien und Griechenland. Türken stellten damals, vor Jugoslawen und Portugiesen, erst die viertstärkste Gruppe unter den Arbeitsmigranten aus dem Mittelmeerraum. Danach verschoben sich aber die Gewichte: 1974 waren die Türken zur größten Gruppe unter den Migranten geworden. Hatte es Mitte der 1960er Jahre noch weniger als 100.000 von ihnen in der Bundesrepublik gegeben, lag ihre Zahl 1974 bei über einer Million, mit weiter steigender Tendenz. Dagegen ging der Anteil von Ausländern anderer Nationalitäten zurück.

Diese Verschiebung hatte komplexe Ursachen. In den Jahren 1966/67 und erneut 1973/74 wurde der seit den 1950er Jahren anhaltende außergewöhnliche Wirtschaftsboom in der Bundesrepublik jeweils für kurze Zeit unterbrochen. Die Zahl der Arbeitslosen überstieg vorübergehend wieder die der freien Stellen. Viele ausländische Arbeitnehmer kehrten in ihre Heimat zurück. Besonders die Italiener blieben häufig auch dort, als die westdeutsche Konjunktur bald wieder anzog. Denn südlich der Alpen hatte mittlerweile ebenfalls eine starke industrielle Entwicklung eingesetzt. Auch Spanien, Portugal und Griechenland begannen sich langsam zu Industriestaaten mit einem attraktiven Angebot an Arbeitsplätzen zu entwickeln. Mitte der 1970er Jahre wurden die diktatorischen Regimes dort außerdem durch demokratische Regierungen ersetzt. Die wirtschaftlichen und politischen Rahmenbedingungen, unter denen Hunderttausende Griechen, Spanier und Portugiesen ihre Heimat verlassen hatten, um in Deutschland zu arbeiten, hatten sich damit grundlegend geändert.

Für die Türkei galt das weniger. Während Spanien, Portugal und Griechenland sich demokratisierten, wurde die politische Lage dort von wiederholten Militärputschen und Repressionen durch autoritäre Regierungen geprägt. Auch die wirtschaftliche Entwicklung der Türkei blieb hinter der der südeuropäischen Staaten zurück. Als die Bundesrepublik auf dem Höhepunkt der zweiten wirtschaftlichen Rezession 1973 alle Anwerbemaßnahmen stoppte, war daher der Wille, in die alte Heimat zurückzukehren, unter Türken in Deutschland vergleichsweise geringer ausgeprägt als etwa unter Spaniern, Griechen oder Italienern. Zwar waren auch unter den türkischen Arbeitsmigranten knapp drei von fünf tatsächlich „Gastarbeiter", die bis in die frühen 1980er Jahre wieder in ihre Heimat zurückkehrten. Für die Arbeitnehmer aus anderen Anwerbeländern traf das jedoch für drei Viertel bis neun Zehntel zu.

Die Verschiebung des Schwergewichts zwischen den verschiedenen Gruppen von „Gastarbeitern" trug unter Deutschen zu einer Verschiebung der Vorurteilsstrukturen bei. In den 1950er und 1960er Jahren war das in der Bundesrepublik vorherrschende stereotype Zerrbild des ausländischen Arbeitnehmers das des „arbeitsscheuen“ und disziplinlosen „Itakers“. Um 1970 änderte sich dieses Stereotyp jedoch: Nun wurde das Bild des „Spaghettifressers“ von dem des türkischen „Knoblauchfressers“ abgelöst. Oder in den drastischen Worten von Giuseppe La Torre: „Da waren Deutsche und Italiener auf einmal die besten Freunde und die Türken der letzte Dreck.“

Eine der letzten türkischen Arbeitsmigrantinnen, die vor dem Anwerbestopp 1973 noch in die Bundesrepublik kamen, war Cihangül Dagtas. Wie Giuseppe La Torre, der anders als die Mehrheit der italienischen „Gastarbeiter“ in Deutschland blieb, kann auch Cihangül Dagtas nicht als in jeder Hinsicht typisch gelten. Zum einen war sie eine Frau – wie freilich immerhin ein knappes Viertel der zur Arbeit in der Bundesrepublik angeworbenen Türken. Zum anderen gehörte sie zu der verschwindend kleinen Minderheit der Bevölkerung, die in der Türkei der 1950er Jahre ein Gymnasium besuchte. Entgegen landläufigen Klischees zeichneten sich die nach Deutschland gehenden Türken allerdings keineswegs besonders durch fehlende Bildung aus. Im Gegenteil: Unter ihnen war der Anteil derjenigen, die über eine abgeschlossene Berufsausbildung verfügten, höher als bei den Migranten aller anderen Nationalitäten.

Doch selbst einer Frau, die ihr Abitur in der Tasche hatte, standen in der Türkei um 1960 nicht alle Türen offen. Cihangül Dagtas wollte studieren, aber dafür brauchte sie Geld. Ihr Vater hatte einmal ein Restaurant besessen, doch dann machte er Pleite und konnte sie nicht unterstützen. Ihre Mutter hielt die Familie mit zu Hause angefertigten Stickereiarbeiten notdürftig über Wasser. Für eine junge Frau war es ungewöhnlich, überhaupt zu arbeiten. Um an eine Arbeitsstelle zu kommen, brauchte man Beziehungen. Ein Beamter des Arbeitsamtes in Izmir versprach ihr eine Stelle, aber nur unter der Bedingung, dass sie mit ihm schlief. Sie lehnte ab.

Schließlich fand sie Arbeit im Kulturministerium und studierte mit dem dort verdienten Geld nebenher Pädagogik. Sie verliebte sich in einen Lastkraftwagenfahrer und begann eine Beziehung mit ihm. Bald wurde sie schwanger. Deshalb heirateten die beiden, obwohl er sie eigentlich nicht wirklich liebte und schon eine andere Freundin hatte. Sie arbeitete eine Zeit lang als Lehrerin, um das Geld für die Familie zu verdienen, während ihr Mann es ohne Erfolg mit einem Job nach dem anderen versuchte und darunter litt, von seiner Frau abhängig zu sein. In der Hoffnung, dadurch die Ehe retten zu können, schlug Cihangül ihm schließlich vor, gemeinsam nach Deutschland zu gehen, weil auch er dort genug Geld verdienen könne. Doch die Bundesrepublik nahm 1973 nur noch gut ausgebildete Arbeitskräfte auf, und nur sie erfüllte die Kriterien. Er musste ihr aber die schriftliche Einwilligung geben, gehen zu dürfen. Die Kinder ließ sie bei ihrer Mutter in Izmir zurück.

In Deutschland arbeitete sie zunächst in einer Uhrenfabrik im Schwäbischen. Die Arbeit im Akkord empfand sie als hart und ungewohnt. Überhaupt war sie alles andere als glücklich. In der Türkei war sie Lehrerin gewesen, hatte mit Kindern zu tun gehabt, nun war sie Arbeiterin an einer Maschine. Auch dass die Arbeitsstelle gut bezahlt wurde, änderte nichts an ihrem sinkenden Selbstwertgefühl.

Die Unterkunft in einem Wohnheim der Fabrik, die sie mit anderen türkischen Frauen teilte, war karg wie die meisten Betriebsunterkünfte für „Gastarbeiter". In dem Jahr, in dem Cihangül Dagtas nach Deutschland kam, veröffentlichte der nordrhein-westfälische Arbeitsminister eine Untersuchung über den Zustand der Werksunterkünfte für „ausländische Mitbürger“ im Bundesland. Danach bestand ein Viertel von ihnen aus Baracken. Jede sechste Betriebsunterkunft lag auf einem mit Stacheldraht eingezäunten Gelände. Drei Personen mussten sich ein Schlafzimmer teilen, fünf ein Waschbecken, sechs eine Toilette. Durchschnittlich kamen auf jeden Bewohner knapp sechs Quadratmeter Schlafraum, dazu gut drei Quadratmeter für Gemeinschaftswohnfläche, also Küche, Waschraum und Toilette. Die übliche Ausstattung pro Person beschränkte sich auf ein Bett, einen Stuhl und einen Schrank.

Die durchschnittliche Monatsmiete für diese Betriebsunterkünfte betrug pro Quadratmeter genauso viel wie die für Zimmer in den Wohnheimen deutscher Universitäten. Allerdings war die Ausstattung in den Wohnheimen für Studenten unvergleichlich besser: Sie bestanden fast ausschließlich aus Einzelzimmern, in denen neben Bett, Stuhl und Schrank auch Regale und Schreibtisch zu finden waren. In den Zimmern der Studentenwohnheime war fließend warmes und kaltes Wasser, das es nur in einem Viertel der Betriebsunterkünfte gab, zudem die Regel. Die universitären Wohnheime verfügten auch über Gemeinschaftsräume wie Bars, Partyzimmer, Tischtennis- und Hobbyräume, die in den Betriebsunterkünften völlig fehlten.

In den meisten Betriebsunterkünften für Ausländer war Besuch von Personen anderen Geschlechts ganz verboten. Umso überraschter war Cihangül Dagtas, als sie eines Abends ihr Mann in ihrem Schlafraum erwartete. Er war mit einem Touristenvisum nach Deutschland gekommen. Zunächst zog er in ein Hotel und suchte sich ebenfalls eine Arbeitsstelle. Erst nach einem Jahr fand das Ehepaar eine gemeinsame Wohnung. Doch diese war heruntergekommen, hatte kein Bad und war ziemlich teuer. Immer wieder machte Cihangül Dagtas die Erfahrung, dass sie als Ausländerin nur die Wohnungen vermietet bekam, die kein Deutscher wollte, und dann dennoch mehr dafür zahlen musste als die Einheimischen. Tatsächlich haben zahlreiche Untersuchungen immer wieder bestätigt, dass Ausländern für Wohnraum des gleichen Standards deutlich mehr Miete abverlangt wird.

Erst nach dem Auszug aus der Betriebsunterkunft schlug Cihangül Dagtas offene Ausländerfeindschaft entgegen. Auch diese Erfahrung teilte sie mit vielen ihrer Landsleute und anderen Migranten. Der Auszug aus den Wohnheimen, wo sie häufig bis in die 1970er Jahre isoliert gewesen waren, machte insbesondere die Türken in der Öffentlichkeit „sichtbar". Auch dass sie oft kaum Deutsch sprachen, weil sie in den Heimen bisher fast ausschließlich mit Landsleuten zusammen gewesen waren, trug dazu bei. Bis dahin waren sie ja, wie Cihangül Dagtas, immer davon ausgegangen, früher oder später zu ihren Angehörigen in die Türkei zurückzukehren.

Zunehmend wurde ihr jedoch bewusst, wie sehr sie sich der alten Heimat entfremdet hatte, ohne in Deutschland heimisch zu werden. Sie war in die Bundesrepublik gekommen, um ihre Ehe zu kitten. Stattdessen ging die Beziehung zu ihrem Mann immer mehr in die Brüche. Irgendwann zog sie einen Schlussstrich. Sie beschloss, als Lehrerin in Deutschland zu arbeiten. Nach einigen erfolglosen Bewerbungen bekam sie schließlich eine Stelle an einer Schule im Ruhrgebiet.

Obwohl sie sich also dafür entschieden hatte, auf Dauer in der Bundesrepublik zu bleiben, fühlte sie sich dennoch weiterhin der Türkei verbunden. So sehr sie ihre häufigen Besuche bei Verwandten in der alten Heimat genoss, kehrte sie immer wieder nach Deutschland zurück. Wie viele ehemalige „Gastarbeiter", die hier ihre neue Heimat gefunden hatten, begründete sie ihre Entscheidung mit einer Überlegenheit des deutschen Sozialversicherungs- und Gesundheitssystems. Auch die Emanzipation von überkommenen Geschlechterrollen bewertete sie, in Übereinstimmung vor allem mit anderen Migrantinnen, als positive Begleiterscheinung ihrer dauerhaften Niederlassung in der Bundesrepublik.

In der Rückschau der sesshaft gewordenen Zuwanderer aus dem Mittelmeerraum wird Deutschland häufig idealisiert. Während in ihrem Herkunftsland Armut, Behördenwillkür und Korruption herrschten, gebe es in der Bundesrepublik allgemeinen Wohlstand und gleiches Recht für alle. Dieses idealisierte Bild passt oft nicht wirklich zu den Erfahrungen, die die Zuwanderer mit deutschen Vermietern, Behörden und Arbeitgebern gemacht haben. Der Widerspruch erklärt sich zum großen Teil daraus, dass die Entscheidung für die dauerhafte Niederlassung hierzulande vor sich und anderen gerechtfertigt und mit allgemein gültigen Erklärungen rationalisiert werden muss. Denn schließlich haben sich andere Migranten zur Rückkehr in die alten Heimatländer entschieden, obwohl dort angeblich die hervorgehobenen Missstände herrschen.

Tatsächlich sind die Entscheidungen der Einzelnen die Folge einer sehr komplexen und jeweils individuell ganz verschiedenen Gemengelage von Faktoren und Motiven. Dazu zählt häufig die Ausbildung der Kinder im deutschen Schulsystem und ihre Verwurzelung in Sozialkontakten. Dazu zählen aber auch die von den Migranten der ersten Generation selbst aufgebauten sozialen Netze in Beruf und Wohnumfeld. Letztlich spielt es eine untergeordnete Rolle, ob es sich um Beziehungen zu Einheimischen oder anderen Migranten handelt. Gerade die Kontakte zu anderen Menschen aus dem eigenen Herkunftsland schufen oft eine Infrastruktur, die Zuwanderer Wurzeln schlagen ließ. Dabei veränderte sich freilich auch das „Gastland“. Die „Italianisierung“ zunächst der Städte an Rhein und Ruhr durch Eisdielen und Pizzerien seit den 1960er Jahren, denen im nächsten Jahrzehnt die massenhafte Eröffnung türkischer Gemüseläden und Dönerbuden folgte, war dafür nur ein besonders offensichtliches Zeichen. Gerade die nicht selten als Motive der dauerhaften Niederlassung hervorgehobenen kulturellen Unterschiede zwischen Herkunftsland und Bundesrepublik schliffen sich so zusehends ab.

2. Diskussionen in der Einwanderungsgesellschaft

Zu Beginn der 1960er Jahre lebten nur knapp 200.000 Menschen mit ausländischem Pass in Nordrhein-Westfalen. 1970 waren es bereits über 800.000, mehr als vier Mal so viel. Während der nächsten zwei Jahrzehnte, bis 1990, verdoppelte sich die Zahl der Ausländer an Rhein und Ruhr noch einmal. Mitte der 1990er Jahre gab es im Bundesland Nordrhein-Westfalen gut zwei Millionen Menschen mit fremdem Pass, in der ganzen Bundesrepublik über sieben Millionen. Mehr als jemals zuvor in der deutschen Geschichte war Deutschland zu einer Einwanderungsgesellschaft geworden.

Diese Tatsache wurde in der öffentlichen Diskussion um Einwanderung lange verdrängt. Dennoch setzte diese Diskussion schon früh ein. Bereits in den 1960er Jahren wurde Einwanderung zu einem immer häufiger behandelten Thema in der westdeutschen Öffentlichkeit. Die Diskussionen darüber sind nicht nur ein Teil deutscher Migrationsgeschichte. Sie sind auch ein Spiegelbild deutscher Mentalitäten und ihrer Veränderung im Lauf der Zeit. Mit dem Phänomen der Einwanderung wurden ganz verschiedene Ängste und Befürchtungen verbunden, aber auch manche Hoffnungen. In allen diesen Zukunftsvisionen offenbaren sich nicht nur mehr oder weniger stereotype Fremdbilder von Ausländern, sondern gerade auch deutsche Selbstbilder.

Bei aller Verschiedenheit dieser Bilder, aller Unterschiedlichkeit der Standpunkte in der Diskussion um Migration und Migranten war der Auseinandersetzung doch bis in die jüngste Vergangenheit eines gemeinsam: Diskutiert wurde über Einwanderer, nicht mit ihnen. Zwar zahlten und zahlen in die Bundesrepublik eingewanderte Ausländer ihre Steuern an deutsche Finanzämter. Ebenso zahlten und zahlen sie in deutsche Renten- und Sozialkassen ein. Weil die deutsche Sozialversicherung auf dem Umlagesystem beruht und die „Gastarbeiter" im Durchschnitt deutlich jünger und gesünder als die übrigen Beitragszahler waren und sind, finanzieren sie damit bis heute die Leistungen für diese überproportional mit. Politische Mitbestimmungsrechte, vor allem das fundamentale Wahlrecht, besitzen sie freilich nicht. Während Ausländer aus Mitgliedstaaten der Europäischen Union, wie Italiener, Spanier und Portugiesen, seit 1992 zumindest an Kommunalwahlen in Deutschland teilnehmen dürfen, gilt das etwa für die Türken, die größte Ausländergruppe in Nordrhein-Westfalen und der Bundesrepublik heute, nach wie vor nicht.

Als die Anwerbung von Arbeitsmigranten aus dem Mittelmeerraum in der Bundesrepublik Mitte der 1950er Jahre begann, geisterte vor allem die Angst vor einer kommunistischen Infiltration durch Zuwanderer in den Köpfen der politisch Verantwortlichen herum. Vertreter des Innen- und Verteidigungsministeriums lehnten in der Bundesregierung das Anwerbeabkommen mit Italien zunächst ab, weil sie befürchteten, mit italienischen Arbeitern würde kommunistische Ideologie in die BRD importiert. Solche Befürchtungen, die auch von Gewerkschaftern geteilt wurden, sagen einiges darüber aus, wie auf dem Höhepunkt des Kalten Kriegs Bilder des „Fremden“ mit denen des „Kommunisten“ zusammengingen. Denn eine reale Basis gab es dafür nicht: Als der Verfassungsschutz die ersten in Italien angeworbenen Arbeitskräfte einer umfassenden Überprüfung unterwarf, fand sich von 26.870 Überprüften nur bei einem einzigen ein Verdacht auf Mitgliedschaft in der Kommunistischen Partei – und selbst dieser Verdacht ließ sich nicht erhärten.

Dennoch blieben die Ängste vor einer „kommunistischen Unterwanderung“ der Bundesrepublik durch ausländische Arbeitskräfte lebendig, bis Ende der 1960er Jahre die Entspannung zwischen den Blöcken in Ost und West einsetzte. In der Bundesregierung zeigte sich darüber neben dem Innenministerium vor allem das Auswärtige Amt wiederholt besorgt. Auch der Verfassungsschutz betonte noch 1966 die vermeintliche Notwendigkeit einer „dauernden Beobachtung“ der „kommunistischen Tätigkeit unter ausländischen Arbeitnehmern“, obwohl er zugestehen musste, dass die „Sicherheit der Bundesrepublik“ dadurch gar nicht „akut bedroht“ war. In Nordrhein-Westfalen setzte sich der Landesarbeitsminister, wie die Essener Westdeutsche Allgemeine Zeitung am 26. November 1964 berichtete, für eine bessere Betreuung der „Gastarbeiter“ ein, „um kommunistischer Propaganda vorzubeugen“. Im selben Jahr begann der Westdeutsche Rundfunk auch Sendungen auf Türkisch auszustrahlen, nachdem er 1961 schon mit italienischen Sendungen begonnen hatte, um der Propaganda von DDR-Sendern, die sich an die „Gastarbeiter“ richteten, etwas entgegenzusetzen.

Der Begriff des „Gastarbeiters“ löste seit dem Ende der 1950er Jahre im öffentlichen Gebrauch zunehmend den bis dahin üblichen Begriff des „Fremdarbeiters“ ab. Häufig hießen die aus dem Mittelmeerraum angeworbenen Arbeitskräfte in

Bevölkerung und Presse aber auch während der 1960er Jahre noch „Fremdarbeiter“. Die Migranten wurden also vielfach nicht nur mit dem weltanschaulichen Gegner im Kalten Krieg identifiziert, sondern ebenso in eine Linie mit den Zwangsarbeitern aus der Zeit des Zweiten Weltkriegs gestellt. Das Klischee des „arbeitsscheuen“ Italieners, mit dem sich die ersten von südlich der Alpen angeworbenen Arbeiter oft konfrontiert sahen, war entstanden in den letzten Kriegsjahren, als 600.000 italienische Soldaten in Deutschland zwangsinterniert und so miserabel verpflegt wurden, dass die meisten von ihnen kaum arbeitsfähig waren. Auch Spanier, Türken und Jugoslawen wohnten in den 1960er Jahren oft in Baracken wie zuvor die Zwangsarbeiter, nicht selten hinter Stacheldraht, manchmal sogar in früher für Zwangsarbeiter genutzten Unterkünften. Und alle diese neuen Arbeitsmigranten bildeten wie schon die „Fremdarbeiter“ während des Kriegs eine neue Unterschicht, von der die unbeliebtesten und gefährlichsten Tätigkeiten übernommen wurden.

Allerdings gab es Unterschiede. Die ausländischen Arbeiter, die sich seit den 1950er Jahren in Deutschland aufhielten, waren freiwillig gekommen. Sie hatten Verträge unterschrieben, an die in dem Rechtsstaat Bundesrepublik beide Seiten gebunden waren, und konnten nach deren Auslaufen wieder in ihre Heimat zurückkehren. Anders als die Zwangsarbeiter während des Zweiten Weltkriegs kamen sie nicht aus besiegten Feindmächten, sondern souveränen Nationalstaaten. Die meisten dieser Entsendeländer waren zudem mit der Bundesrepublik verbündet.

Politiker, Arbeitgeber und Gewerkschaftsführer riefen unter anderem deshalb in der Öffentlichkeit wiederholt dazu auf, die Arbeitskräfte aus dem Süden gut zu behandeln. Bundesarbeitsminister Theodor Blank etwa appellierte Mitte der

1960er Jahre an die Bevölkerung, „Verständnis für die Schwierigkeiten der Gastarbeiter zu haben und nicht deren Sitten und Gebräuche mit voreiliger Kritik zu bedenken". Es sei gut, wenn die Deutschen „mit mehr Einfühlungsvermögen und mehr tätiger Hilfsbereitschaft diesen von uns mit viel Geld und guten Worten angeworbenen Mitmenschen begegnen". Auch wenn das Verhältnis zwischen Einheimischen und „Gastarbeitern" nie spannungsfrei war, stießen solche Appelle in der Bevölkerung offenbar nicht auf ganz taube Ohren. Massenkrawalle und gegen Zuwanderer gerichtete Ausschreitungen, wie sie zum Beispiel 1958 in Großbritannien vorkamen, gab es in der Bundesrepublik nicht.

Diese Zurückhaltung und die wiederholten Aufrufe politischer und gesellschaftlicher Funktionsträger zur „Toleranz" gegenüber den „ausländischen Mitbürgern" hatten freilich auch etwas mit der besonderen Geschichte der Ausländerbeschäftigung in Deutschland zu tun. Unterschwellig spielte dabei die Erinnerung an die Behandlung der Zwangsarbeiter während des Zweiten Weltkriegs eine Rolle. So wurde in der BILD-Zeitung vom 22. April 1966 die Forderung zurückgewiesen, man müsse Ausländer „auch wegen der furchtbaren Fremdarbeiterpolitik" besonders nett behandeln. Eine etwa zur selben Zeit massenhaft verbreitete Broschüre der Bundeszentrale für politische Bildung argumentierte dagegen in seltener Offenheit, das den Zwangsarbeitern während des Kriegs angetane Unrecht bleibe eine Hypothek, „die wir auch heute noch mit jedem guten Wort, jeder hilfreichen Hand gegenüber den Gastarbeitern abtragen helfen".

Die Rücksicht auf das deutsche Image im europäischen Ausland war dabei von großer Bedeutung. So hieß es in einer Publikation des Kölner „Bildungswerks europäische Politik" mit dem Titel „Arbeitsplatz Europa", die deutschen „Verfehlungen“ der Vergangenheit seien „noch längst nicht verziehen“, und die „Echtheit unseres demokratischen Verhaltens“ werde in den Nachbarländern anhand der Behandlung der Gastarbeiter überprüft. Ein harmonisches Verhältnis zu diesen erschien auch angesichts der Popularität des Europagedankens in den 1950er und 1960er Jahren als erste Bürgerpflicht. Schließlich werde, wie Politiker und führende Gewerkschafter nicht müde wurden zu betonen, „der ausländische Arbeiter von heute der europäische Bürger von morgen“ sein.

Dabei standen die Deutschen aus ihrer eigenen Sicht jedoch nicht auf einer Stufe mit den Arbeitsmigranten aus dem Mittelmeerraum, sondern hatten diesen gegenüber eine erzieherische Aufgabe zu erfüllen. Der „mehr vegetativ dahinlebende Mittelmeermensch“, so der Tenor deutscher Journalisten, Wissenschaftler und anderer selbsternannter Ausländerpädagogen Mitte der 1960er Jahre, lasse sich hierzulande „zu einer dauerhaft zielstrebigen Arbeitspersönlichkeit“ formen. „Ordnung, Sauberkeit und Pünktlichkeit“, für Deutsche „selbstverständliche Eigenschaften eines anständigen Menschen“, kenne man „im Süden“ bisher eben noch nicht. Die „weicheren Südländer“ lebten „zum Teil noch in einem paradiesischen Zustand ursprünglicher Naturverbundenheit“. Kindern gleich, müssten sie von väterlichen Deutschen durch „die Übertragung unserer zivilisatorischen Errungenschaften“ auf einen höheren Entwicklungsstand gebracht werden. „Gastarbeit“ wurde aus dieser zeitgenössischen Sicht zu einer Art Entwicklungshilfe. So könnten „diese Menschen durch die Schulung bei uns zu disziplinierten Arbeitern in ihrer Heimat und zu wertvollen Mitgliedern der Gesellschaft werden“.

Solche überheblichen, paternalistischen Vorstellungen rechtfertigten letzten Endes auch die zeitliche Begrenzung des Aufenthalts der „südländischen“ Arbeitsmigranten in der Bundesrepublik. Wenn der Sinn ihrer Anwesenheit in Deutschland „Zivilisierung“ oder – prosaischer – Weiterbildung war und letzten Endes darin bestand, deutsche Arbeitsmoral und deutsches Know-how in ihre Entsendeländer zu vermitteln, musste dieser Aufenthalt notwendigerweise früher oder später sein Ende finden. Von daher schien der Begriff des „Gastarbeiters“, der, wie gesagt, seit etwa 1960 zunehmend den des „Fremdarbeiters“ ablöste, seine innere Berechtigung zu gewinnen.

Dass es sich bei den Arbeitskräften aus dem Mittelmeerraum nur um zeitweilige „Gäste“ handelte, war in der bundesdeutschen Gesellschaft der 1960er Jahre eine weit verbreitete Überzeugung. Infrage gestellt wurde diese Vorstellung lediglich von wenigen. Kritische Stimmen kamen etwa aus den Kirchen und kirchlichen Organisationen, die sich als erste der sozialen Betreuung der ausländischen Arbeitskräfte annahmen. Bereits 1964 plädierte die Kirchenzeitung des Erzbistums Köln dafür, die – fast ausnahmslos katholischen – Italiener in der Bundesrepublik als Einwanderer statt als „Gastarbeiter“ anzusehen. Seit 1966 setzte sich die katholische Caritas für ein dauerndes Bleiberecht ausländischer Arbeitskräfte ein.

Auch einzelne Gewerkschaften begannen sich ab Mitte der 1960er Jahre einer solchen Position anzunähern. Seit 1964 wurde den ausländischen Arbeitnehmern das Wahlrecht zu den Betriebsräten mehr und mehr zugestanden. Als 1966/67 die erste Rezession in der Geschichte der Bundesrepublik die Arbeitslosenrate vorübergehend ansteigen ließ, forderte der Deutsche Gewerkschaftsbund allerdings eine Abschiebung der Ausländer und schloss die zentralen Büros, die er zu deren Betreuung gerade eröffnet hatte. Erst 1971 wurden sie wieder eröffnet, dann allerdings auch bei der nächsten Rezession 1973 nicht wieder geschlossen, obwohl der Gewerkschaftsbund den von der Bundesregierung verfügten Anwerbestopp befürwortete.

In Teilen der Gesellschaft wurde so seit den späten 1960er Jahren der ursprüngliche Konsens, die Beschäftigung von Ausländern als zeitlich begrenztes Provisorium anzusehen, zunehmend infrage gestellt. Ab den 1970er Jahren differenzierten sich auch die Positionen in der Politik aus. Die FDP tendierte zuerst dazu, ausländischen Arbeitnehmern ein dauerndes Bleiberecht einzuräumen. Dabei spielten Arbeitgeberinteressen ebenso eine Rolle wie liberale Traditionen, besonders das Prinzip der Niederlassungsfreiheit. In den großen Parteien war die Stimmung geteilt. Die SPD schwankte zwischen dem Grundsatz der Chancengleichheit und dem des „Inländervorrangs“ auf dem Arbeitsmarkt, der im Interesse der einheimischen Arbeitnehmer lag. In der CDU/CSU rivalisierten ein konservativer Flügel, der eine „Begrenzung“ des Ausländeranteils an der Bevölkerung der Bundesrepublik forderte, und ein für Integration von Ausländern offenerer christlich-sozialer Flügel um die Meinungsführerschaft.

Tonangebend in den Auseinandersetzungen um den Kurs der westdeutschen Ausländerpolitik während der 1970er und 1980er Jahre waren vielfach die Bundesländer. Insbesondere Bayern und Baden-Württemberg profilierten sich dabei als Vertreter einer Richtung, die für möglichst weitgehende Abschottung der Grenzen und Abschiebung der bereits in der Bundesrepublik vorhandenen „Gastarbeiter“ eintrat. In diesem Sinn erklärte die Regierungsdirektorin im bayrischen Staatsministerium des Inneren Herta Huber 1973: „Mehr Ausländer bedeutet nicht nur mehr Wohnungen, Schulen, Krankenhäuser und so weiter, sondern zum Beispiel auch mehr Kraftfahrzeuge, Luftverschmutzung, Lärm, Autoschlangen, Verkehrsflächenbedarf, mehr Müll, mehr Abwasser und so weiter. Der

Ausländerzuzug bewirkt überdies zusätzliche Ballungseffekte in den Beschäftigungsschwerpunkten, da die Sogwirkung dort am stärksten ist. Die seuchenhygienische Situation verschlechtert sich. Auch psychische Reibungseffekte sind eine logische Folge der Verdichtung, die in extremen Fällen durchaus Krankheitswerte annehmen können."

Man kann sich fragen, ob mehr Einheimische nicht ebenso mehr Wohnungen und Straßen benötigten und nicht ebenso mehr Müll und Abwasser produzierten. Ausländische Arbeitskräfte erschienen aus dieser Sicht freilich nicht nur als zusätzliche Belastung der Infrastruktur. Sie wurden geradezu als Sinnbild einer krankhaften und krankmachenden städtischen Moderne angesehen. Tatsächlich konzentrierten sich die „Gastarbeiter" in den städtisch-industriellen Ballungszentren. Ob deren „Verdichtung" unter sozialen, ökologischen und „seuchenhygienischen" Gesichtspunkten tatsächlich bedenklicher war als die in den 1970er Jahren rapide voranschreitende Zersiedlung der Landschaft durch den Ausbau von Vorstädten, die mit gewaltigem Flächenverbrauch und wesentlich höherem Verkehrsaufkommen einherging, wurde allerdings nicht hinterfragt. Nur vorsichtig deuteten Stellungnahmen des Bayerischen Staatsministeriums die Bewahrung nationaler und ethnischer Homogenität als Motiv an, wenn es hieß, ein Verzicht auf „Kontrolle" der Arbeitsmigration gefährde die „politische Existenz" des Staates und habe nachteilige „ethnologische und kulturelle Auswirkungen."

Bayern und Baden-Württemberg setzten sich deshalb für eine Politik ein, die anknüpfte an die schon in Kaiserreich und Weimarer Republik praktizierte Tradition der „Ausländerkontrolle" mit „Rückkehrzwang". In diesem Sinn plädierte der baden-württembergische Ministerpräsident Filbinger 1972 für ein Prinzip der „Rotation": Die in der Bundesrepublik lebenden „Gastarbeiter“ sollten grundsätzlich nach wenigen Jahren in ihre Heimat zurückkehren müssen und durch neue ersetzt werden, also „rotieren“. Weil eine solche prinzipielle Befristung des Aufenthalts ausländischer Arbeitnehmer nicht durchsetzbar war, schlug Filbinger 1974 die Einführung einer Prämie für rückkehrwillige Migranten vor. Ab 1975 wurde diese in Baden-Württemberg dann auch gezahlt. Gleichzeitig begrenzte die Landesregierung den Zuzug von Ausländern in die städtischen Ballungszonen des „Ländle“. Das stieß allerdings auf heftigen Widerspruch der Arbeitgeber, so dass die baden-württembergische Regierung den Zuzug zwei Jahre später wieder freigab. Zum Ausgleich verkündete Filbinger den Plan, die Ausländerzahl im Land innerhalb von acht Jahren halbieren zu wollen.

Anders als die von CDU und CSU regierten Länder Baden-Württemberg und Bayern vertrat das in den 1970er und 1980er Jahren von einer sozialliberalen Koalition gelenkte Nordrhein-Westfalen einen mehr auf Integration ausländischer Arbeitnehmer abzielenden Kurs. Nach dem Vorbild des ebenfalls sozialliberal regierten Hessen leitete die nordrhein-westfälische Landesregierung 1972 dazu erste konkrete Maßnahmen ein. Zum einen sollte die Wohnungssituation von Ausländern verbessert werden. Zum anderen wurden die berufliche Weiterqualifizierung von „Gastarbeitern“ und die schulische Ausbildung ihrer Kinder gefördert.

Erklärtes Ziel war die Herstellung von Chancengleichheit zwischen Einheimischen und Zugewanderten. Dahinter stand aber auch die Befürchtung, die Beschäftigung von Ausländern werde sonst hohe Folgekosten nach sich ziehen. Denn wenn diese auf Dauer in der Bundesrepublik blieben und dort eine neue Unterschicht bildeten, würden sie nicht nur deutschen Sozialkassen zur Last fallen. Auch gesellschaftliche Gegensätze zwischen privilegierten Einheimischen und unterprivilegierten Zuwanderern seien dann zu erwarten, bis hin zu sozialen Unruhen. Insofern hatte die Politik von SPD und FDP in Nordrhein-Westfalen und Hessen mit derjenigen, die CDU und CSU in den süddeutschen Bundesländern praktizierten, trotz aller Unterschiede zumindest eines gemeinsam: Auch aus dieser Sicht erschien die Arbeitsmigration aus den Mittelmeerländern als ein Problem, das als umso größer empfunden wurde, je höher die Zahl der „Gastarbeiter“ anstieg.

Hatte es 1970 noch drei Millionen Ausländer in der Bundesrepublik gegeben, waren es 1973 bereits vier Millionen. Mehr als drei Viertel davon kamen aus den Mittelmeerländern, mit denen Anwerbeabkommen bestanden. Als 1973/74 die bisher größte Rezession in der Geschichte der Bundesrepublik den Wirtschaftsboom der Nachkriegszeit beendete und die Arbeitslosenzahlen steil in die Höhe trieb, erklang von nahezu überall her der Ruf: „Das Boot ist voll!“ Die sozialliberale Bundesregierung verkündete daraufhin Ende 1973 einen Stopp der Anwerbung von „Gastarbeitern“.

Die Folgen dieses Anwerbestopps waren paradox. Zwar nahm die Zahl der Ausländer in der Bundesrepublik zunächst etwas ab. Schon nach wenigen Jahren stieg sie aber erneut an. 1979 war die Vier-Millionen-Grenze bereits wieder überschritten. Ein Jahrzehnt später, unmittelbar vor der Wiedervereinigung, lebten fast fünf Millionen Menschen mit nichtdeutschem Pass auf dem Gebiet der alten Bundesrepublik.

Zwar kehrten durchaus viele Arbeitsmigranten aus dem Mittelmeerraum Deutschland nach 1973 den Rücken. Weil nun keine neuen „Gastarbeiter“ mehr diejenigen ersetzten, die in ihre Heimat zurückkehrten, ging die Zahl der ausländischen Erwerbstätigen in der Bundesrepublik auch stark zurück. Betrug sie 1973 noch mehr als zweieinhalb Millionen, sank sie bis 1989 auf nur noch gut anderthalb Millionen. Dafür zogen aber nun Familienmitglieder derjenigen, die blieben, in großem Umfang nach.

Der Anwerbestopp verstärkte letzten Endes Tendenzen zur dauerhaften Verwurzelung von Arbeitsmigranten in Deutschland, die schon vorher bestanden hatten. Bereits Anfang der 1970er Jahre nahm etwa die Mobilität unter den mehreren Tausend Türken, die bei Ford in Köln beschäftigt wurden, deutlich ab: Die Zahl derjenigen, die Jahr für Jahr in ihre alte Heimat zurückkehrten, verringerte sich drastisch. Immer mehr verließen die Werkswohnheime und bezogen mit ihren aus der Türkei nachgekommenen Ehepartnern eigene Wohnungen. Auch die Zahl der in Deutschland geborenen Kinder stieg sprunghaft an. Trotz dieser zunehmenden Ausrichtung von Berufs- und Privatleben auf die Bundesrepublik fühlte der größte Teil der „Gastarbeiter" und ihrer Familien sich freilich noch ihrem Ursprungsland verbunden und ging davon aus, irgendwann wieder dorthin zurückzukehren.

Der Anwerbestopp beendete diese Offenheit der Lebensplanungen vieler Arbeitsmigranten. Er zwang sie, sich zu entscheiden. Denn für ausländische Arbeitskräfte, die ihre Arbeitsverhältnisse in der Bundesrepublik kündigten, um in ihre Heimat zurückzugehen, war dies seit 1973 eine Einbahnstraße. Aus „Gastarbeitern" wurden nun entweder Rückkehrer – oder Einwanderer.

Diese Folge des Anwerbestopps wurde in der westdeutschen Öffentlichkeit aber lange weitgehend ignoriert. Politiker der beiden großen politischen Lager von SPD und CDU/CSU wiederholten noch bis in die 1980er Jahre gebetsmühlenartig immer wieder die Formel, Deutschland sei „kein Einwanderungsland". Dabei gab es durchaus Differenzen in einzelnen Punkten. Eine Bund-Länder-Kommission unter Beteiligung der Innen- und Arbeitsminister von Nordrhein-Westfalen, Hessen, Bayern und Baden-Württemberg konnte sich aber 1976/77 auf die Grundlinien einer Ausländerpolitik einigen. Der Anwerbestopp wurde beibehalten. Die Rückkehr der in der Bundesrepublik wohnenden „Gastarbeiter“ in ihre Entsendeländer sollte gefördert werden – allerdings ohne die Ausübung von Zwang. Für diejenigen, die nicht zurückkehren wollten, wurde ein vereinfachtes Aufenthaltsrecht vorgeschlagen. Eine Förderung des deutschen Sprachunterrichts, Maßnahmen zur Verbesserung der Wohnsituation und Sonderhilfen für die zweite Generation der Migranten sollten deren Eingliederung erleichtern.

Im Grunde handelte es sich dabei um eine Doppelstrategie: Eine Politik der prinzipiellen „Rückkehrförderung“ wurde um die alternative Möglichkeit von „Integration“ ergänzt. Die „Gastarbeiter“ und ihre Familien sollten möglichst in ihre alte Heimat zurückgehen. Aber wenn ihr Bleiben nicht zu verhindern war, sollten sie ganz an die deutsche Gesellschaft assimiliert, also angeglichen werden. Ein dritter Weg, der die besondere Identität der Migranten berücksichtigt hätte, die sich sowohl der deutschen wie der Kultur ihres Herkunftslandes verbunden fühlten, wurde von den großen Parteien nicht gesehen – auch von der die Düsseldorfer Landesregierung dominierenden nordrhein-westfälischen SPD nicht. Vertreten wurde dieser dritte Weg zunächst nur von Wohlfahrtsverbänden wie der Caritas, den Kirchen und teilweise den Gewerkschaften. 1979 setzte sich dann auch die neugegründete Partei der Grünen dafür ein, einschließlich eines kommunalen Wahlrechts für Ausländer.

In Nordrhein-Westfalen glaubte im selben Jahr nach einer repräsentativen Umfrage die Hälfte der Bevölkerung, Ausländer würden Deutschen die Arbeitsplätze wegnehmen, und sprach sich für eine Rückkehr der „Gastarbeiter" in ihre Herkunftsländer aus. Derweil wollten vier von fünf Ausländern dauerhaft in der Bundesrepublik bleiben. Gestützt auf diese Erkenntnis unternahm der ehemalige nordrhein-westfälische Ministerpräsident und SPD-Politiker Heinz Kühn im Herbst 1979 einen bemerkenswerten Vorstoß. Den bisherigen Konsens der beiden großen politischen Lager aufbrechend, erklärte er in einer vielbeachteten Erklärung, dass Deutschland faktisch ein „Einwanderungsland" geworden sei.

Kühn hatte während der Zeit des Nationalsozialismus im Exil gelebt und so am eigenen Leib erfahren, was es bedeutete, Ausländer zu sein. 1978 war er zum Beauftragten der Bundesregierung für Ausländerfragen ernannt worden. Im folgenden Jahr legte er ein ausführliches Memorandum vor. Darin sprach er sich für eine „konsequente Integrationspolitik" aus, um „größten individuellen und gesellschaftlichen Schaden abzuwenden". Unter anderem plädierte er dafür, Zugewanderten nach spätestens zehn Jahren Aufenthaltsdauer das kommunale Wahlrecht einzuräumen. In Deutschland geborenen Kindern von Ausländern sollte ein Rechtsanspruch auf Einbürgerung zugestanden werden. Einen Gesetzentwurf dafür brachte Nordrhein-Westfalen kurze Zeit später im Bundesrat ein. Er scheiterte aber, wie schon 1978 ein Entwurf der sozialliberalen Bundesregierung, an den unionsgeführten Ländern.

Angesichts eines erneuten Konjunktureinbruchs, der zur dritten Rezession in der Geschichte der Bundesrepublik führte, distanzierte sich die nordrhein-westfälische SPD allerdings bald wieder von diesem neuen Kurs. Im Vorfeld der 1980 anstehenden Bundes- und Landtagswahlen veröffentlichte die von ihr gestellte Landesregierung Leitlinien zur Ausländerpolitik, die Arbeitsminister Friedhelm Farthmann mit der

These einleitete, dass die „Grenze der Aufnahmefähigkeit von Ausländern erreicht“ sei. Einmal mehr wiederholte Farthmann die alte Formel, die Bundesrepublik sei „kein Einwanderungsland“. Zwar gestand er zu, dass ausländische Arbeiter teilweise benötigt würden. Daher seien verstärkte gesellschaftspolitische Anstrengungen zu ihrer Integration nötig. Jedoch werde diese durch Extremisten unter den Zuwanderern gefährdet, die Ausländerfeindschaft in der Bevölkerung provozierten. Verbände wie die Caritas kritisierten diese Aussage als wahltaktischen Populismus.

Die Atmosphäre der frühen 1980er Jahre war durch anhaltende Wirtschaftskrise und Ausländerfeindlichkeit geprägt. In diesem politischen Klima erklärte auch Nordrhein-Westfalens langjähriger sozialdemokratischer Ministerpräsident Johannes Rau, der „unaufhaltsame Anstieg des Ausländeranteils“ an der Bevölkerung schaffe unlösbare Konflikte. Am 1. Februar 1982 verabschiedete der nordrhein-westfälische Landtag einstimmig eine Entschließung, nach der die Aufnahmekapazitäten des Landes für Ausländer erschöpft seien. Die Bundesregierung wurde aufgefordert, die Möglichkeit zum Nachzug von Familienmitgliedern der „Gastarbeiter“ zu begrenzen und Anreize für Rückkehrwillige zu verstärken. Selbst Raus Vorgänger Heinz Kühn äußerte nun öffentlich, dass die „Grenzen der Belastbarkeit durch die Aufnahme ausländischer Zuwanderer erreicht“ seien. Und Nordrhein-Westfalens sozialdemokratischer Innenminister Schnoor sprach sich wie Politiker der CDU/CSU dafür aus, den Nachzug von Familienmitgliedern statt bis zum Alter von 18 nur noch bis zum sechsten Lebensjahr zuzulassen.

Solche öffentlichen Äußerungen waren freilich vielfach von Wahltaktik beeinflusst. In der Bund-Länder-Kommission, die 1982/83 konkrete Politik erarbeiten sollte, opponierten die Vertreter Nordrhein-Westfalens wie die des ebenfalls sozialdemokratisch regierten Hessen gegen eine Absenkung des Nachzugsalters schon unter 16 Jahre, wie es von den unionsregierten Ländern gefordert wurde. Und während die neue, von der CDU unter Kanzler Helmut Kohl geführte Regierung in Bonn nach ihrem Sieg bei den Bundestagswahlen 1983 um verstärkte Anreize für eine Rückkehr der „Gastarbeiter" bemüht war, liberalisierte die sozialdemokratische Düsseldorfer Landesregierung das Aufenthaltsrecht. Noch weiter gingen dabei, unter dem Einfluss ihres grünen Koalitionspartners, die hessischen Sozialdemokraten. Doch selbst als diese bei Kommunal- und Landtagswahlen deswegen starke Wählerverluste hinnehmen mussten, hielt das die nordrhein-westfälische SPD nicht von dem nun eingeschlagenen Kurs einer Liberalisierung ihrer Politik gegenüber Zuwanderern ab. 1987 votierte der sozialdemokratische Landesparteitag in Nordrhein-Westfalen sogar bei nur einer einzigen Gegenstimme für die Einführung des kommunalen Wahlrechts für Ausländer.

Allerdings bröckelte auch in der CDU Mitte der 1980er Jahre die Front der Befürworter einer „Rückkehrförderung". Die christlich-demokratische Arbeitnehmerschaft scherte ebenso aus dieser Linie aus wie die rheinland-pfälzischen und niedersächsischen Christdemokraten. So bekannte sich der niedersächsische Innenminister Möllinghoff 1984 sogar ansatzweise zu einer Integrationspolitik auf multikultureller Basis. Deutschland sei zwar kein Einwanderungsland. „Wer bleiben will, muss aber verstärkt die Möglichkeit zur Integration bekommen. Dabei darf Integration nicht Assimilation heißen. Wer sich in die deutsche Gesellschaft integrieren will, soll deshalb nicht seine kulturelle oder nationale Identität verlieren." Die Position der beiden großen Parteien bewegte sich so in der politischen Praxis auf die liberale Linie zu, die FDP und Grüne bereits länger vertraten.

Beschleunigt wurde dieser Annäherungsprozess durch den Bedeutungsgewinn, den Asylanten- und Aussiedlerproblematik in den späten 1980er Jahren erfuhren. Die Frage einer Integration der Arbeitsmigranten aus dem Mittelmeerraum trat dadurch in der Öffentlichkeit für eine Weile zurück.

Die Bundesrepublik hatte im Vergleich mit ihren westeuropäischen Nachbarländern ein ausgesprochen liberales Asylrecht. Das war nicht zuletzt indirekte Folge der nationalsozialistischen Vergangenheit. Manche der Väter des Grundgesetzes hatten zu den vielen politisch und rassisch Verfolgten gehört, die während der Zeit des Nationalsozialismus anderswo Asyl fanden. Auch die deutsche Teilung und die frühzeitig einsetzende Fluchtbewegung aus der sowjetischen Besatzungszone spielten für die liberale Ausgestaltung des Asylrechts im Grundgesetz 1948/49 eine wichtige Rolle.

Lange Zeit war die Zahl der Menschen, die in der Bundesrepublik jährlich Asyl beantragten, relativ gering. Anfang der 1970er Jahre lag sie noch unter 10.000. Dann bewegte sie sich bis Mitte der 1980er Jahre meist im niedrigen fünfstelligen Bereich. Seitdem aber stieg sie steil an. Waren die meisten Asylanträge bis dahin aus Afrika, Asien oder Lateinamerika gekommen, kam die Mehrheit der Antragsteller nun aus Osteuropa. Hintergrund dafür war das Zusammenbrechen des Kommunismus und das Auseinanderbrechen der Sowjetunion und Jugoslawiens – Entwicklungen, die vielfach mit Kriegen und Bürgerkriegen verbunden waren.

Die Auflösung des kommunistischen Ostblocks führte außerdem dazu, dass von dort zahlreiche Aussiedler und sogenannte Kontingentflüchtlinge in die Bundesrepublik übersiedelten. Meist handelte es sich dabei um Menschen, die als deutsche Staatsbürger galten, weil ihre Vorfahren seit dem Spätmittelalter aus dem deutschen Sprachraum nach Osteuropa ausgewandert waren. Die Mehrheit dieser seit 1993 offiziell als „Spätaussiedler" bezeichneten Zuwanderer kam aus der ehemaligen Sowjetunion, daneben vor allem aus Polen und Rumänien. Insgesamt handelte es sich bis heute um etwa drei Millionen Menschen. Dazu kommen noch etwa 200.000 jüdische Kontingentflüchtlinge aus den Nachfolgestaaten der Sowjetunion. Diesen wurde, vor dem Hintergrund der Erinnerung an die Ermordung des Großteils der europäischen Juden während des Nationalsozialismus, im wiedervereinigten Deutschland faktisch der Status anerkannter Asylbewerber zugebilligt.

Insgesamt explodierte so die Zahl der Zuwanderer zwischen Mitte der 1980er und Mitte der 1990er Jahre geradezu. In Nordrhein-Westfalen betrug sie in diesem Zeitraum mehr als eine Million. Bundesweit summierte sich die Zahl der Aussiedler und Asylbewerber nach der deutschen Wiedervereinigung zunächst auf jährlich weit über eine halbe Million.

Diese Entwicklung aktualisierte für Teile der einheimischen Bevölkerung die Angst vor einer vermeintlichen „Überfremdung". Teilweise verstärkt durch nationalen Freudentaumel nach der deutschen Wiedervereinigung, fand sie unter anderem Ausdruck in einzelnen gewaltsamen Ausschreitungen gegen Ausländer. Nach Angriffen auf Asylantenunterkünfte in den neuen Bundesländern wurde 1993 von jungen Rechtsextremen auch ein Brandanschlag auf ein Haus in Solingen verübt, das Zuwanderer türkischer Abstammung bewohnten. Zwei Frauen und drei Kinder fanden in den Flammen den Tod. Die Kette von Anschlägen provozierte allerdings Demonstrationen und Lichterketten gegen Fremdenfeindschaft und Rechtsradikalismus, an denen sich Hunderttausende beteiligten.

Tatsächlich verlagerten sich die Ängste vor „Fremden" bereits seit den späten 1980er Jahren tendenziell weg von den ehemaligen „Gastarbeitern" und fanden in Asylanten und Aussiedlern ein neues Feindbild. 1992/93 trug der Bundestag dem mit einem Paket von Gesetzen und Verfassungsänderungen Rechnung, die im Bundesrat auch von der nordrhein-westfälischen Regierung mitgetragen wurden. Zum einen wurde das Recht auf Asyl eingeschränkt, das Grundgesetz entsprechend geändert. Zum anderen veränderte ein „Kriegsfolgen-Bereinigungsgesetz" die Bedingungen für die Aufnahme von Aussiedlern in Deutschland einschneidend: Diejenigen aus der ehemaligen Sowjetunion mussten fortan Deutschkenntnisse nachweisen, alle anderen anhaltende Diskriminierung in ihren Heimatländern.

Die Zahl der Asylbewerber und Aussiedler ging daraufhin schnell zurück. Langfristig hatte aber besonders die veränderte Behandlung der Aussiedler noch weitergehende Folgen. Viele der Vorrechte, die sie bisher als deutsche Staatsbürger genossen hatten, wurden eingeschränkt. So verloren sie etwa ihre bisherige Niederlassungsfreiheit. Stattdessen wurden sie nun in Kontingenten auf die einzelnen Bundesländer verteilt. Zunehmend näherte sich ihr Status damit dem von anderen Zuwanderern an. Die Differenzen zwischen Aussiedlern und den aus dem Mittelmeerraum eingewanderten Arbeitskräften verwischten mehr und mehr. Das zeigte sich auch in der Sprache. Während der 1990er Jahre setzte sich „Migrant" als neuer Sammelbegriff für alle Arten von Zuwanderern durch – unabhängig davon, ob es sich dabei um Aussiedler, also deutsche Staatsbürger, oder Ausländer wie die ehemaligen „Gastarbeiter" handelte.

Diese Verwischung der Grenzen hatte schließlich ebenfalls Konsequenzen für die seit Langem umstrittene Frage der

Staatsangehörigkeit. Die Neufassung des Ausländergesetzes nach der Wiedervereinigung 1990 hatte bereits die Einbürgerung von Migranten der zweiten Generation erleichtert. Im Jahr 2000 wurde dann mit dem bis dahin geltenden Grundsatz, dass Deutscher nur sein könne, wer von deutschen Eltern abstammt, endgültig gebrochen. Seitdem gilt in der Bundesrepublik nicht mehr das Abstammungs- oder Herkunftsprinzip, sondern das Geburtsrecht: Auch wer in der Bundesrepublik als Kind etwa türkischer Eltern geboren ist, hat seitdem ein Recht auf deutsche Staatsangehörigkeit.

Beide Gesetze waren zwischen den Parteien heftig umstritten. Die Reform des Ausländergesetzes, die 1990 unter dem christdemokratischen Bundeskanzler Helmut Kohl zustande kam, wurde unter anderem von der nordrhein-westfälischen SPD stark kritisiert, sie sei nicht weitgehend genug. Manchen Christdemokraten ging dagegen die von einer rot-grünen Bundesregierung im Jahr 2000 verabschiedete Neuregelung der Staatsangehörigkeit zu weit. Solche Differenzen werden allerdings besonders zu Wahlkampfzeiten betont. 2001, nach den nordrhein-westfälischen Landtagswahlen, stimmten im Düsseldorfer Landesparlament alle Parteien einer Entschließung zu, nach der das Land nicht nur in der Vergangenheit Zuwanderung erlebt habe, sondern auch weiterhin darauf angewiesen sei. Alteingesessene und Zuwanderer hätten eine gemeinsame Zukunft, an der sie gemeinsam arbeiten müssten. Von der noch in den 1980er Jahren auch an Rhein und Ruhr gebetsmühlenartig wiederholten Formel, kein Einwanderungsland zu sein, war das meilenweit entfernt.

Offen ist allerdings nach wie vor die Frage, wie die vielfach beschworene Eingliederung von Migranten in die Gesellschaft aussehen soll. Schon die dafür verwendeten Begriffe verraten, dass der entscheidende Schritt nach wie vor von den Zuwanderern erwartet wird. Denn diese sind es, die sich „eingliedern" oder gar „assimilieren", also angleichen, sollen. Auch die Regelung zur Staatsangehörigkeit, die seit 2000 gilt, weist in diese Richtung. In Deutschland geborene Kinder von Zuwanderern müssen sich nämlich zwischen ihrem 18. und 23. Lebensjahr entweder für die deutsche oder für die Staatsangehörigkeit ihrer Eltern entscheiden. Die dauerhafte Option einer doppelten Staatsangehörigkeit besteht nicht. Diese doppelte Staatsangehörigkeit ist freilich das, was fast neun Zehntel der Zuwanderer in Nordrhein-Westfalen möchten.

3. Heimisch werden – fremd bleiben: Integration aus historischer Sicht

Migranten sind Wanderer zwischen Welten: der Welt, aus der sie kommen, und der Welt, in der sie sich niederlassen. Zuwanderung ist dabei mehr als der Bezug einer neuen Wohnung und einer neuen Arbeitsstelle. Integration ist ein langwieriger Prozess, der wirtschaftliche, gesellschaftliche und kulturelle Facetten hat. Dieser Prozess umfasst das Erlernen einer anderen Sprache, die Konfrontation mit fremden Werten, in den meisten Fällen auch soziale Unterschichtung und vieles andere mehr. Oft ist er erst nach mehreren Generationen abgeschlossen – wenn überhaupt.

Einerlei, wie lange der Integrationsprozess dauert und wie weit er geht: Für die unmittelbar Betroffenen ist er meist schmerzhaft. Von Zuwanderern wird erwartet, dass sie die neue Welt, in der sie sich niederlassen, annehmen. Dazu sind sie zum größten Teil durchaus bereit. Das Annehmen der neuen Welt geht aber immer mit dem schrittweisen Verlust der alten einher. Und wie alle Verlusterfahrungen tut auch diese weh. Es ist daher nur eine allzu verständliche, allgemeinen menschlichen Bedürfnissen entsprechende Verhaltensweise, wenn Zuwanderer den Kontakt zu ihrer alten Heimat und deren Kultur nicht ganz abbrechen lassen wollen, obwohl sie sich auf die neue einlassen. Das Streben nach doppelter Staatsangehörigkeit ist nicht zuletzt ein symbolischer Ausdruck dieses Bemühens.

In der Öffentlichkeit der Einwanderungsgesellschaft wird das Streben nach doppelter Staatsangehörigkeit dagegen oft als ein Anzeichen fehlender Integrationswilligkeit gesehen. Dieser Eindruck wird verstärkt durch periodisch wiederkehrende Berichte in den Medien, nach denen Ausländer nicht an obligatorischen Deutschkursen teilnehmen. Selbst seit zwei oder drei Generationen im Land lebende Migranten igelten sich in eigenen Vereinen und Stadtvierteln in einer Parallelwelt ein; ihre Töchter würden zu Ehen mit ihresgleichen gezwungen, Integrationswillige gar mit Ehrenmorden bedroht. Insbesondere die hierzulande lebenden Türken hielten an ihren kulturellen Eigenarten fest. Sie seien an Kontakten zu Deutschen nicht wirklich interessiert, verfügten oft noch immer über keine deutschen Sprachkenntnisse – kurz: sie seien größtenteils zur Integration weder bereit noch fähig.

Sind Zuwanderer in Nordrhein-Westfalen heimisch geworden oder sind sie Fremde geblieben? Ist Integration möglich, und unter welchen Bedingungen? Antworten auf diese Fragen kann man mit historischen Betrachtungen einiges näher kommen. In Nordrhein-Westfalen ist die Quellenlage dafür sogar besonders gut. Für viele Aspekte des Integrationsverhaltens insbesondere der zugewanderten ehemaligen „Gastarbeiter“ liegt ab den 1970er Jahren umfangreiches Daten- und Zahlenmaterial vor. Obwohl es darin manche Lücken gibt, sind diese doch geringer als für die meisten anderen Länder der Bundesrepublik. Mit dem Material lässt sich teilweise auch nach einzelnen Gruppen von Zuwanderern unterscheiden. Durch den Vergleich zwischen den Gruppen kann man auf Gründe und Faktoren zurückschließen, die Integration erleichtern oder erschweren.

Das eindeutigste – weil am einfachsten zu messende – Kriterium für Integration ist die Sprache. Vor allem zu mehreren Städten im Ruhrgebiet liegen sehr aussagekräftige Erhebungen darüber vor, in welchem Ausmaß Zuwanderer aus dem Mittelmeerraum sich der deutschen Sprache bedienen. Besonders aufschlussreich ist dabei der Vergleich zwischen den Generationen. Bei der ersten Generation, die selbst noch im Ausland geboren ist, spielt zudem das Heiratsverhalten eine große Rolle. Zuwanderer dieser Generation, die einen deutschen Partner heirateten, sprachen von vornherein in praktisch allen Lebenslagen nur Deutsch. Heirateten dagegen zwei Zuwanderer, was in dieser Generation die Regel war, unterhalten sie sich zumindest untereinander meist in der Sprache ihrer Heimat.

Auch ihre Kinder, die in Deutschland aufgewachsene zweite Generation, reden in familiären Kontexten zwar schon etwas seltener, aber doch noch überwiegend in der Sprache der alten Heimat. In ihren Freundeskreisen dagegen wird, wenn wie meist üblich auch Migranten aus anderen Herkunftsländern oder Deutsche darin vertreten sind, Deutsch gesprochen. Die dritte Generation, also die Enkel der eigentlichen Zuwanderer, spricht schließlich nur noch Deutsch – auch mit den Großeltern, und zwar selbst dann, wenn von diesen alle aus dem gleichen Land zugewandert sind. Die Sprache dieses Landes kann die Enkelgeneration in der Regel noch verstehen, aber oft nicht mehr selbst sprechen. In sprachlicher Hinsicht ist Integration, und zwar im Sinne von Assimilation oder Angleichung, also nach drei Generationen vollständig abgeschlossen.

Deutlich schwieriger als Integration auf sprachlichem Gebiet ist zu messen, wie sich persönliche Kontakte zwischen Alteingesessenen und Zuwanderern entwickelt haben. Das ist auch deswegen problematisch, weil solche Kontakte sich auf ganz verschiedenen Ebenen ergeben und ganz verschiedene Intensität haben können. Kontakte an der Arbeitsstelle sind etwas anderes als nachbarschaftliche Beziehungen, und diese unterscheiden sich wiederum von Freundschaften und erst recht von intimen Partnerschaften. Aber auch zu diesem komplexen Thema gibt es seit den 1970er Jahren Untersuchungen, die in der historischen Zusammenschau einen deutlichen Trend erkennen lassen.

Grundsätzlich sind Kontakte zwischen Zuwanderern und Alteingesessenen umso häufiger und intensiver, je länger die Zuwanderer schon im Land sind. Zu diesem Ergebnis kam bereits eine Studie über „Gastarbeiter" in Duisburg 1974. Waren diese erst weniger als zwei Jahre in Deutschland, hatten nur 40 Prozent Kontakte zu Einheimischen. Diese Kontakte ergaben sich meist nur über die Arbeitsstelle. Bei Arbeitsmigranten, die sich schon über acht Jahre im Land aufhielten, hatten hingegen knapp 70 Prozent Kontakte zu Deutschen – und damit mehr als zu Landsleuten. Dazu zählten dann in der Regel auch nachbarschaftliche Kontakte.

Die Intensität von Beziehungen zu Einheimischen unterschied sich ebenfalls nach Geschlecht und Generation. Bei Frauen waren solche Beziehungen durchschnittlich weniger häufig als bei Männern, bei den Kindern der Zugewanderten häufiger als bei diesen selbst. Und es gab 1974 auch Differenzen zwischen den einzelnen Nationalitäten. Spanier hatten im Durchschnitt die intensivsten Kontakte zu Deutschen. Bei

Griechen, Italienern und Jugoslawen hielten sich die Beziehungen zu Landsleuten und zu Einheimischen etwa die Waage. Die wenigsten Kontakte zu Deutschen hatten Türken: Diese pflegten doppelt so viele Bekanntschaften mit anderen Türken wie mit Einheimischen. Durch die Länge des Aufenthalts waren diese Unterschiede nicht erklärbar – die Italiener waren am längsten im Land, die Masse der türkischen „Gastarbeiter" etwa genauso lang wie die Mehrzahl der Jugoslawen. Mögliche Erklärungsfaktoren sind dagegen kulturelle Differenzen und die größere absolute Zahl der Türken, die diesen eine Beschränkung auf türkische Bekanntenkreise eher ermöglichte.

Bis 1991 nahm das Ausmaß persönlicher Beziehungen zwischen Einheimischen und Migranten in Nordrhein-Westfalen beträchtlich zu. Hatte 1974 in Duisburg noch fast jeder zweite Zuwanderer keinen Kontakt zu Alteingesessenen, war es nun landesweit nur noch jeder zehnte. Mehr als vier von fünf Ausländern in Nordrhein-Westfalen besuchten 1991 Deutsche zu Hause und wurden von diesen besucht. Bei den in Deutschland geborenen Kindern der ehemaligen „Gastarbeiter" waren diese Anteile noch höher.

Persönliche Kontakte in ihrer intimsten Form, nämlich als Partnerschaften zwischen Ausländern und Deutschen, haben seit den 1970er Jahren ebenfalls stark zugenommen. Ganz besonders gilt das für Partnerschaften unter Beteiligung von türkischstämmigen Migranten. Ihre absolute Zahl ist zwischen 1976 und 2008 in Nordrhein-Westfalen um das vierzigfache gestiegen. In den 1970er Jahren waren deutsch-türkische Eheschließungen sehr selten, während es etwa deutsch-italienische Ehen bereits recht häufig gab. Der Grund dafür waren wohl die größeren kulturellen, vor allem religiösen Differenzen: Italiener sind wie die Mehrheit der alteingesessenen nordrhein-westfälischen Bevölkerung katholische Christen, Türken dagegen überwiegend Muslime. Mitte der 1970er Jahre war jedenfalls die Wahrscheinlichkeit, dass eine Migrantin oder ein Migrant eine Ehe mit einem deutschen Partner einging, bei italienischen „Gastarbeitern“ zehn mal höher als bei türkischen. Dreißig Jahre später war sie nur noch etwa doppelt so hoch. Kulturelle und religiöse Unterschiede verlieren offenbar immer weiter an Bedeutung und verhindern Partnerschaften zwischen Einheimischen und Ausländern immer seltener.

Solche Zahlen muss man zwar mit etwas Vorsicht interpretieren, weil unter den „deutsch-ausländischen Mischehen“ zunehmend auch Ehen zwischen eingebürgerten und nichteingebürgerten Migranten sind. Allerdings stieg der Anteil von „Mischehen“ unter den von Ausländern geschlossenen Ehen schon immer steiler an, bevor die Reformen des Ausländer- und Staatsangehörigkeitsrechts seit 1990 zur massenhaften Einbürgerung führten. Dasselbe gilt für die Zahl der Kinder aus solchen „bikulturellen“, zwischen Zuwanderern und Alteingesessenen geschlossenen Ehen. Auch in dieser Hinsicht findet also zunehmend Integration statt – und zwar hier im wahrsten Sinne des Wortes als hunderttausendfache „Verschmelzung“.

Eine Abschleifung von kulturellen Unterschieden lässt sich auch in anderer Hinsicht beobachten. Am auffälligsten ist sie vielleicht bei der Veränderung von Geschlechterrollen. Das Modell der traditionellen „Hausfrauenehe“, bei der die Frau sich um Haushalt und Kinder kümmert, während nur der Mann erwerbstätig ist, hat hierzulande seit Langem an Attraktivität verloren. Infolgedessen ist die Geburtenrate gefallen und die Erwerbstätigkeit von Frauen angestiegen. In Nordrhein-Westfalen sind heute zwei Drittel aller Frauen mit deutschem Pass berufstätig. Unter Ausländern und eingebürgerten Zuwanderern sind es dagegen nur die Hälfte. Von den Frauen türkischer Abstammung gehen sogar nur zwei von fünf einer Erwerbstätigkeit nach. Unter Migranten, und vor allem unter solchen aus der Türkei, erscheinen traditionelle Frauenbilder auf den ersten Blick also verbreiteter. Betrachtet man allerdings nur die jüngere Generation der Migranten, ergibt sich ein ganz anderes Bild. Denn unter den Nordrhein-Westfalen mit Zuwanderungsgeschichte, die jünger als 25 Jahre sind, ist weibliche Berufstätigkeit viel verbreiteter. Während unter den Migranten insgesamt auf zwei erwerbstätige Frauen drei erwerbstätige Männer kommen, sind es bei den unter 25jährigen fast vier Frauen auf fünf Männer. Das ist annähernd das gleiche Verhältnis wie bei Berufstätigen ohne Migrationshintergrund.

Über die Generationen haben sich also im Hinblick auf weibliche Berufstätigkeit ebenfalls Differenzen zwischen Migranten und Nichtmigranten abgeschliffen. Dass dafür ein verändertes Frauenbild verantwortlich ist, legt die Entwicklung der Geburtenraten ebenfalls nahe. Diese lag ursprünglich bei allen Gruppen ehemaliger „Gastarbeiter" wesentlich höher als unter Deutschen. Diese Differenzen sind jedoch immer weiter zusammengeschrumpft. So hat sich die durchschnittliche Geburtenrate der Türken in Deutschland seit den 1970er Jahren mehr als halbiert.

Bei den Zuwanderern aus dem Mittelmeerraum hat sich so in wenigen Jahrzehnten ein Prozess vollzogen, den Experten „Akkulturation" nennen – das heißt eine weitgehende Angleichung ihrer kulturellen Normen und Praktiken an die der aufnehmenden Gesellschaft. Die ehemaligen „Gastarbeiter", und erst recht ihre Kinder und Enkel, unterscheiden sich mittlerweile in ihrem Wertehorizont kaum noch von den Menschen in Nordrhein-Westfalen, die keinen Migrationshintergrund haben. Zwar gibt es unter Migranten sehr stark an traditionellen und religiösen Werten ihrer alten Heimat orientierte Gruppen. Dazu wird allerdings nur etwa jeder fünfzehnte Migrant gerechnet. Selbst unter denen, die ihre Wurzeln in der Türkei haben, sind die Menschen deutlich in der Minderheit, die einem religiös-traditionellen Milieu zugerechnet werden können.

Überhaupt ist die Herkunft für Migranten hierzulande mittlerweile für ihre subjektive Identität weniger wichtig geworden als Generation, soziale Lage und ästhetische Vorlieben. Wie die Bevölkerung ohne Migrationshintergrund lassen die Zuwanderer sich eher nach Lebensstilen unterscheiden: proletarisch, bürgerlich, intellektuell-kosmopolitisch, aufstiegs-, konsum-, spaßorientiert und so weiter. Mit anderen Worten: Ein türkischstämmiger Migrant, der sich an denselben Werten orientiert wie ein Deutscher gleicher Generation und sozialer Lage, hat mehr mit diesem gemeinsam als mit einem anderen türkischstämmigen Migranten, der das nicht tut. Aus der Herkunft lässt sich nicht auf das Milieu schließen – und umgekehrt.

Die in öffentlichen Debatten über Integration gelegentlich geforderte Anpassung von Migranten an eine deutsche „Leitkultur" macht insofern wenig Sinn. Das schon deshalb, weil es eine solche „Leitkultur", zumindest im Sinne eines für alle verbindlichen umfassenden Wertehorizonts, gar nicht gibt. Für die von der Gegenseite als Ideal bemühte „multikulturelle" Gesellschaft gilt das freilich ebenso wenig – wenigstens soweit darunter das Nebeneinander verschiedener Kulturen verstanden wird, die sich durch die Herkunft ihrer Mitglieder unterscheiden. „Multikulturell" im Sinne einer Orientierung der Bevölkerung auf verschiedene Lebensstile ist die Gesellschaft dagegen schon. Nur vereinen die diversen, durch einen jeweils spezifischen Lebensstil geprägten Milieus bereits Menschen verschiedenster Herkunft. Die Integration der Migranten ist, betrachtet man ihre subjektive Identität, schon als Angleichung in Differenz erfolgt.

Wenn die Eingliederung der Migranten also in kultureller Hinsicht tatsächlich schon sehr weit fortgeschritten ist, warum erscheint Integration dennoch weiterhin als Problem? Die Gründe liegen in der wirtschaftlichen Lage der Menschen mit Migrationshintergrund. Denn diese ist für die meisten Zuwanderer und ihre Nachkommen immer noch deutlich schlechter als für Alteingesessene. Daran hat sich seit der Anwerbung der ersten „Gastarbeiter“ nichts oder nur wenig geändert. Zum Teil hat sich die wirtschaftliche Lage der Migranten im Verhältnis zu der der Einheimischen seitdem sogar noch verschlechtert.

So trifft Arbeitslosigkeit Ausländer in Nordrhein-Westfalen mehr und zunehmend stärker als Deutsche. Im September 1977 lag der Anteil der Arbeitslosen unter Deutschen bei 4,4 Prozent, bei Ausländern dagegen mit 8,8 Prozent schon doppelt so hoch. Im September 2008 waren 8,5 Prozent der deutschen Erwerbstätigen arbeitslos. Bei Ausländern waren es zu diesem Zeitpunkt jedoch 21,7 Prozent – zweieinhalbmal so viel.

Auch bei der Entwicklung des durchschnittlichen Einkommens hat sich in den letzten Jahrzehnten eine Schere zwischen Zuwanderern und Alteingesessenen geöffnet. Noch Mitte der 1980er Jahre lag das Durchschnittseinkommen von Deutschen in Nordrhein-Westfalen nur unwesentlich höher als das von Ausländern. Zwanzig Jahre später verdienten Deutsche durchschnittlich 30 Prozent mehr als Ausländer. Noch gravierender sind die Unterschiede beim Pro-Kopf-Einkommen. Dieses war bei Deutschen 2006 anderthalb mal höher als bei Ausländern. Türken hatten in der Bundesrepublik sogar pro Kopf nur halb so viel Geld zur Verfügung wie Deutsche.

Man mag darin vielleicht nur ein Problem der Migranten sehen. Tatsächlich sind diese die direkt Betroffenen. Indirekt hat die zunehmende relative Armut vieler, wenn auch keineswegs aller Zuwanderer und ihrer Nachkommen aber auch Konsequenzen für die gesamte Gesellschaft. Denn zum einen belastet sie die Sozialkassen. Zum anderen trägt sie zum Ansteigen von Kriminalität bei.

Ausländerkriminalität war lange Zeit ein oft verwendetes Argument in Debatten um die Begrenzung von Zuwanderung und die Abschiebung von Asylsuchenden. Heute spielt das Thema bei Diskussionen um Integration von Zuwanderern offen oder implizit nach wie vor eine Rolle. Ausländer werden in Nordrhein-Westfalen wie in der gesamten Bundesrepublik häufiger straffällig als Bürger mit deutschem Pass. Das hat mehrere Gründe.

Die statistische Wahrscheinlichkeit, mit dem Gesetz in Konflikt zu kommen, ist von vielen Faktoren abhängig. Dazu zählen Alter, Geschlecht, wirtschaftliche Lage und Aussichten, familiäre Situation und soziales Milieu. Junge Männer sind besonders gefährdet, straffällig zu werden. Das gilt auch für Angehörige der Unterschicht, besonders wenn sie arbeitslos sind und keine Zukunftsperspektive für sich sehen. Alltäglichkeit von Gewalt in Familie und sozialem Umfeld erhöhen ebenfalls die Wahrscheinlichkeit dafür, sich strafbar zu machen.

Alle diese Faktoren tragen zu der höheren Kriminalität von Ausländern bei. Der typische Migrant ist von jeher eher jung und männlich gewesen, und das beeinflusst bis heute die Zusammensetzung der Menschen mit Migrationshintergrund hierzulande. Der Anteil junger Männer unter ihnen ist größer als unter der übrigen Bevölkerung. Allerdings haben die Unterschiede bei Alters- und Geschlechtsstruktur sich in den letzten Jahrzehnten bereits immer mehr abgeschliffen. Von größerer Bedeutung sind soziale Unterschichtung und die deutlich höhere Arbeitslosigkeit unter Ausländern. Diese verdüstern wiederum gerade für viele junge Ausländer die Zukunftsaussichten und begünstigen zudem ein gewalttätigeres Klima in Familie und Freundeskreis.

In den 1950er Jahren riet das Bundesinnenministerium unter anderem deshalb von einem Anwerbeabkommen mit Italien ab, weil die „kommunistische Mafia" sich sonst in Deutschland ausbreiten würde. Diese Befürchtung erwies sich bald als vollkommen grundlos. Ausländer werden hierzulande nicht deswegen kriminell, weil sie die Neigung dazu aus ihrer Heimat mitgebracht hätten. Kriminalität ist auch keine unvermeidliche Begleiterscheinung von kulturellen Konflikten, die sich aus Zuwanderung ergeben würden. Die Wahrscheinlichkeit, dass Ausländer mit dem Gesetz in Konflikt kommen, ist vielmehr deswegen höher, weil sie besonders häufig von relativer Armut, Arbeitslosigkeit und familiärer Gewalt betroffen sind. Bei Türken und Deutschen ohne Migrationshintergrund, die sich in gleicher wirtschaftlicher Lage und ähnlichen familiären Verhältnissen befinden, ist die Kriminalitätsrate gleich hoch. Nur befindet sich von den jungen Türken ein wesentlich höherer Prozentsatz in Verhältnissen, die von Armut, Arbeitslosigkeit und familiärer Gewalt geprägt sind, als in der entsprechenden Altersgruppe der Alteingesessenen.

Die im Durchschnitt schlechtere wirtschaftliche Lage der Ausländer führt außer zu erhöhter Kriminalität auch zu erhöhten Sozialausgaben. Seit den 1960er Jahren waren „Gastarbeiter" Nettozahler in deutsche Rentenkassen – und sind es wegen ihrer Altersstruktur immer noch. Weil das Durchschnittsalter von Zuwanderern nach wie vor beträchtlich unter dem der Gesamtbevölkerung liegt, werden alteingesessene Rentner von Einwanderung in die Bundesrepublik auf absehbare Zeit nur profitieren. Die wachsende Arbeitslosigkeit und zunehmende relative Armut der Ausländer hat aber dazu geführt, dass die Aufwendungen der Sozialhilfe für sie in den letzten Jahrzehnten zugenommen haben. Mittlerweile ist der Anteil der Menschen ohne deutschen Pass, die hierzulande von Sozialhilfe leben, dreimal so hoch wie bei Einheimischen. Das ist freilich keine Folge von Bequemlichkeit oder Faulheit. Tatsächlich gibt es unter Zuwanderern sogar deutlich mehr Leistungsorientierung als unter Alteingesessenen. Dass Fleiß und Arbeit die Voraussetzung für gesellschaftlichen Erfolg sind, glauben mehr als zwei Drittel der Migranten in Deutschland – bei den Einheimischen ist es dagegen nur gut die Hälfte. Was der Mehrheit der Zuwanderer fehlt, ist nicht der Wille zum sozialen Aufstieg, sondern die Möglichkeit dazu.

Insbesondere die „Gastarbeiter" aus dem Mittelmeerraum wurden, als sie in den 1960er und frühen 1970er Jahren nach Deutschland kamen, hauptsächlich im produzierenden Gewerbe beschäftigt – und zwar meistens als ungelernte oder bestenfalls angelernte Arbeiter. Die Bundesrepublik war damals ein florierender Industriestaat mit einem im internationalen Vergleich eher unterentwickelten Dienstleistungssektor. Für Nordrhein-Westfalen galt das in ganz besonderem Maß. Als die Anwerbeabkommen mit Italien, der Türkei und anderen Mittelmeerstaaten unterzeichnet wurden, waren die Landschaften an Rhein und Ruhr von industriellen Großbetrieben vor allem des Montanbereichs geprägt. Diese Betriebe hatten einen gewaltigen Bedarf an einfachen Arbeitern, die vor allem körperlich anpacken konnten.

Bald darauf aber setzte der Niedergang von Kohle und Stahl ein. Er traf Nordrhein-Westfalen besonders hart. Die

Zahl der Arbeitsplätze im produzierenden Gewerbe ging zurück. Die meisten ungelernten oder angelernten Jobs, in denen die Masse der Migranten beschäftigt war, wurden wegrationalisiert oder ins Ausland verlagert, wo sich billiger produzieren ließ. Gleichzeitig entstanden zwar, vor allem im Dienstleistungsbereich, neue Stellen. Dafür besaßen die Zuwanderer der ersten Generation jedoch meist nicht die geeignete Ausbildung.

Ihre Kinder versuchten sich umzuorientieren und waren dabei auch durchaus erfolgreich. Der Anteil der Migranten, die in Nordrhein-Westfalen in den expandierenden Bereichen von Handel und Dienstleistungen tätig sind, nimmt seit einiger Zeit beträchtlich zu, der im produzierenden Gewerbe dagegen ab. Unter den Jüngeren mit Migrationshintergrund ist diese Tendenz besonders ausgeprägt. Die Unterschiede zwischen Zuwanderern und Alteingesessenen, die bei der Verteilung auf einzelne Wirtschaftsbereiche von jeher bestanden haben, schleifen sich daher zunehmend ab. Migranten sind aber nach wie vor in den zukunftsträchtigen Branchen unterrepräsentiert. Vor allem gelingt es ihnen immer noch relativ selten, aus der schrumpfenden Arbeiterschaft in die wachsenden Statusgruppen der Angestellten und Beamten aufzusteigen.

Das entscheidende Handicap vieler Migranten ist ihr relativ niedriger Bildungsstand. Bildung war zwar schon immer ein Schlüssel für beruflichen Aufstieg und Erfolg. Ihre Bedeutung hat in den letzten Jahrzehnten aber noch beträchtlich zugenommen. Mitte der 1970er Jahre war das produzierende Gewerbe in Nordrhein-Westfalen der wichtigste Wirtschaftsbereich. Damals lag die Arbeitslosenquote bei Hochschul - absolventen bei drei Prozent, bei Menschen ohne Schul - abschluss bei sechs Prozent. Dreißig Jahre später, in der überwiegend von Dienstleistungen geprägten Arbeitswelt des frühen 21. Jahrhunderts, lag diese Quote bei Hochschulabsolventen immer noch bei drei Prozent. Unter der erwachsenen Bevölkerung ohne Schulabschluss waren dagegen jetzt 26 Prozent arbeitslos. Während das Risiko der Arbeitslosigkeit sich bei Akademikern also nicht verändert hat, ist es ohne abgeschlossene Schulausbildung mittlerweile gut viermal höher als noch 1975.

Die höhere Arbeitslosigkeit unter Migranten ist im Wesentlichen eine Folge ihrer durchschnittlich niedrigeren Bildungsabschlüsse. 1977 hatten weniger als ein Fünftel aller Menschen mit deutschem Pass in Nordrhein-Westfalen keinen Schulabschluss. Bei den Ausländern waren es fast drei Fünftel. Dabei handelte es sich überwiegend um die erste Generation der „Gastarbeiter". Manche von ihnen hatten in ihrem Heimatland nur wenige Jahre oder nie eine Schule besucht. Ihre Kinder mussten sich nun im deutschen Schulsystem zurechtfinden. Die Eltern, die häufig nicht einmal Deutsch sprachen, konnten ihnen dabei meist nicht helfen. Selbst von den Vätern der heute in der Bundesrepublik lebenden Menschen, die türkische, italienische oder griechische Wurzeln haben, verfügt ein Drittel über keinen Schulabschluss. Von den Müttern hat bei türkischstämmigen Migranten sogar mehr als die Hälfte die Schule ohne Abschluss verlassen – oder nie eine besucht.

Besonders wenn man berücksichtigt, dass die zweite Generation der Migranten deshalb in ihrer Schullaufbahn selten Unterstützung von ihren Eltern erwarten konnte, ist ihr Bildungserfolg umso spektakulärer. Zwei von fünf ausländischen Schülern der zweiten Generation erreichten einen besseren Abschluss als ihre Eltern. Vergleicht man die Bildungsabschlüsse deutscher und ausländischer Schüler in Nordrhein-Westfalen, kann man von einer regelrechten Aufholjagd der Ausländer sprechen. 1985 verließ nur jeder zwanzigste Deutsche die Schule ohne einen Abschluss. Bei Ausländern war es zu diesem Zeitpunkt noch fast jeder dritte. Innerhalb des nächsten Jahrzehnts blieb der Anteil der deutschen Schüler ohne Abschluss gleich. Bei den Ausländern ging dieser Anteil dagegen massiv zurück: 1995 war es nur noch jeder achte. Gleichzeitig verdoppelte sich der Prozentsatz ausländischer Schüler mit Abitur oder Fachhochschulreife, während bei deutschen Schülern nur ein leichter Anstieg zu vermerken war.

Seit Mitte der 1990er Jahre nutzten gerade viele jüngere Migranten die Möglichkeit, die deutsche Staatsangehörigkeit zu erwerben. Außerdem veränderte sich die Zusammensetzung der Ausländer im Land durch starken Zuzug von Flüchtlingen aus den von Bürgerkrieg betroffenen Gebieten des ehemaligen Jugoslawien. Deshalb sind die Zahlen der Statistik zum Bildungserfolg von Ausländern in Nordrhein-Westfalen ab etwa 1995 nicht ohne weiteres mit denen der Jahre davor zu vergleichen. Berücksichtigt man nicht nur die Schulabschlüsse von Menschen mit fremdem Pass, sondern auch die von eingebürgerten Migranten, haben die Zuwanderer gegenüber den Alteingesessenen insgesamt weiter aufgeholt. Der Anteil der Abiturienten lag 2006 bei den unter 25-jährigen Migranten sogar gleichauf mit dem der alteingesessenen Deutschen, die in diesem Jahr ihre Schulausbildung beendeten. Die Zahl der jungen Zuwanderer ohne Abschluss ist ebenfalls weiter gesunken. Sie liegt aber weiterhin signifikant über dem entsprechenden Anteil der alteingesessenen Schulabgänger.

Allerdings gab und gibt es dabei weiterhin beträchtliche Unterschiede zwischen verschiedenen Gruppen von Zuwanderern. Ausländer, die sich zur Annahme der deutschen Staatsangehörigkeit entschließen, sind durchschnittlich deutlich besser gebildet als diejenigen, die das nicht tun. Und auch zwischen den verschiedenen Nationalitäten gibt es Unterschiede. Zuwanderer aus Vietnam machen wesentlich bessere Schulabschlüsse als alteingesessene Deutsche. Aussiedler aus Osteuropa schneiden fast so gut ab wie Einheimische. Von den Migranten aus dem Mittelmeerraum schließen Spanier und Griechen in Nordrhein-Westfalen ihre Schulausbildung besser ab als Italiener, und diese wiederum etwas besser als Türken. Mit weitem Abstand folgen danach Albaner und Serben. Von ihnen schafften 2007 fast 30 Prozent keinen Schulabschluss – bei den Türken waren es nur zehn Prozent. Lediglich jeder zehnte albanische und serbische Schulabgänger machte in diesem Jahr in Nordrhein-Westfalen sein Abitur. Von den Schülern mit türkischem Pass schaffte das bereits jeder siebte.

Die unterschiedlichen schulischen Erfolge verschiedener Gruppen von Einwanderern werden in der Öffentlichkeit häufig in Zusammenhang mit mangelnder Bereitschaft zur Integration gebracht. Nicht selten werden sie auch als Ausdruck einer kulturell bedingten Mentalität gesehen. Manche Gruppen von Migranten, wie etwa die vietnamesischen Zuwanderer, würden sich demnach durch mehr Fleiß und eine positivere Einstellung zur Bildung auszeichnen, die anderen fehle. Gelegentlich wird der unterschiedliche Schulerfolg auch mit unterschiedlicher Intelligenz erklärt – wenn auch meist nur in verklausulierten Andeutungen, weil eine solche Behauptung sich sofort dem Vorwurf des Rassismus ausgesetzt sieht.

Die außerordentlich guten Schulabschlüsse der Zuwanderer vietnamesischer Herkunft haben tatsächlich eine Ursache in höherer Intelligenz. Das ist allerdings wohl nicht deswegen so, weil Vietnamesen grundsätzlich intelligenter sind als Deutsche. Die in der Bundesrepublik lebenden Migranten aus dem südostasiatischen Land sind vielmehr fast durchweg Angehörige gesellschaftlicher Eliten. Es handelt sich dabei zum Teil um Vietnamesen, die 1990 in Ostdeutschland studierten und beim Zusammenbruch der DDR um politisches Asyl ersuchten. Oder es handelt sich um „boat people“, die in Südvietnam meist als Beamte oder Unternehmer tätig waren und nach der kommunistischen Machtübernahme 1975 auf dem Seeweg aus dem Land flohen. Wie auch Japaner oder Staatsangehörige westlicher Nationen, die sich meist aus beruflichen Gründen hierzulande aufhalten, sind die vietnamesischen Zuwanderer meist hochgebildet und hochintelligent.

Im Gegensatz dazu sind andere Gruppen von Migranten einigermaßen repräsentativ für die Bevölkerung ihres Herkunftslandes. Das relativ gute schulische Abschneiden der Kinder von Aussiedlern erklärt sich größtenteils aus besseren Sprachkenntnissen. Bei den Zuwanderern aus dem Mittelmeerraum sind die wesentlichen Faktoren für den Schulerfolg zum einen die Qualität des Schulsystems im Herkunftsland, zum anderen die Dauer des Aufenthalts der Familien in Deutschland. Griechen und Spanier, die in den 1960er Jahren als „Gastarbeiter“ in die Bundesrepublik kamen, hatten im Durchschnitt eine bessere Schulbildung genossen als Italiener und Türken. Die italienischen Zuwanderer stammten fast ausnahmslos aus dem Süden des „Stiefels“ – damals eine noch fast vollkommen ländliche Gegend, wo die Zahl der Analphabeten hoch war. Das Gleiche galt auch für das anatolische Hochland, aus dem seit den frühen 1970er Jahren die Masse türkischer Arbeitskräfte nach Nordrhein-Westfalen kam.

Türkische und italienische Kinder besuchten bereits in den 1970er Jahren von allen Migrantengruppen am häufigsten Hauptschulen und am seltensten Gymnasien. Während der 1990er Jahre nahm der Anteil der italienischen Schüler an nordrhein-westfälischen Gymnasien gegenüber dem der Türken zu. Die meisten Italiener waren schon um 1960 nach Nordrhein-Westfalen zugewandert, so dass nach 1990 bereits deren sprachlich und kulturell weitgehend assimilierte Enkel eingeschult wurden. Bei den Türken, die mit ähnlich schlechten Voraussetzungen, aber überwiegend erst nach 1970 eingewandert waren, dominierte dagegen zu diesem Zeitpunkt noch die zweite Generation. Die Mehrheit der türkischen Zuwanderer war um 1990 knapp zwanzig Jahre im Land. Ihre Kinder schnitten damals in der Schule noch ähnlich schlecht ab wie heute Albaner und Serben. Diese sind mittlerweile ebenfalls mehrheitlich zwei Jahrzehnte hier, nachdem sie überwiegend Anfang der 1990er Jahre vor dem Bürgerkrieg in den ländlichsten Gegenden des ehemaligen Jugoslawien geflohen waren.

Um Unterschiede im schulischen Erfolg verschiedener Gruppen von Migranten zu erklären, muss man also keineswegs kulturell bedingte Mentalitäten oder gar vererbte Dummheit bemühen. Das von der ersten Generation der Zuwanderer aus ihren Herkunftsländern mitgebrachte Bildungsniveau und die Länge des Aufenthalts hierzulande reichen zur Erklärung völlig aus. Noch wichtiger ist freilich der Befund, dass die gleichsam im Gepäck der Zuwanderer mitgebrachten Bildungsdefizite zwar auch an deren Kinder und Enkel weitergegeben werden, sich in der Abfolge der Generationen jedoch zunehmend abschwächen. Auch auf dem Gebiet der Bildung findet also Integration, und hier ganz im Sinne von Assimilation oder Angleichung, durchaus statt – langsam, aber merklich und kontinuierlich. Angesichts der stetig wachsenden Bedeutung von Bildung für die Verteilung von Lebenschancen und beruflichem Erfolg lässt sich deshalb erwarten, dass auch in wirtschaftlicher Hinsicht die Eingliederung der heute noch vielfach unterschichteten Menschen mit Migrationshintergrund weiter vorankommen wird. Und das erscheint auch dringend wünschenswert – angesichts der hohen materiellen und immateriellen Kosten, die sonst nicht nur die Migranten, sondern auch die alteingesessene Bevölkerung in Form von Sozialleistungen, Kriminalität und gesellschaftlichen Spannungen mittragen müsste.

VI. Ausblick und Rückblick: Nordrhein-Westfalen in der „Festung Europa"

Das Gesicht der Landstriche, die seit 1946 Nordrhein-Westfalen bilden, ist schon lange vorher von Migranten mitgeprägt worden. Das „rheinisch-westfälische" Industriegebiet, von dem Zeitgenossen um 1850 zu sprechen begannen, entstand durch Zuwanderung. Zuerst waren es vor allem Menschen vom ländlichen Rand der preußischen Provinzen Rheinland und Westfalen, die in die neuen industriellen Zentren an Rhein und Ruhr zogen. Im späten 19. Jahrhundert begannen dann die Fernwanderer zu überwiegen. Sie kamen aus Ostpreußen, aus Posen, aus Schlesien und vielen anderen weit entfernten Regionen des Deutschen Reichs. Nicht wenige hatten Polnisch als Muttersprache. Vor dem Ersten Weltkrieg lebten zudem Hunderttausende ausländische Staatsbürger im Rheinland und in Westfalen. Hauptsächlich aus Italien, den Niederlanden und Österreich-Ungarn kommend, arbeiteten sie auf dem Bau, in den Zechen des Ruhrgebiets und in der Landwirtschaft.

Während der Zeit der beiden Weltkriege, in der die meisten Rheinländer und Westfalen sich von rabiatem Ausländerhass und Fremdenfeindschaft anstecken ließen, verließen viele dieser Migranten die Region wieder. Nicht wenige, wie ein beträchtlicher Teil der „Ruhrpolen" und manche italienische Zuwanderer, blieben aber auch. Millionen Kriegsgefangene und Zivilarbeiter aus allen Teilen Europas kamen während der Weltkriege gezwungenermaßen. Zehntausende alteingesessene und vor Pogromen aus Polen und Russland geflohene Juden wurden vertrieben oder, in den letzten Jahren des Zweiten Weltkriegs, in Vernichtungslager deportiert. Gleichzeitig evakuierte das verbrecherische nationalsozialistische Regime Hunderttausende Frauen und Kinder aus den vom Bombenkrieg heimgesuchten Städten des Rheinlands und Westfalens in ländliche Gebiete.

Die Rückkehr dieser Evakuierten, die sich nach 1945 für manche der Betroffenen über ein Jahrzehnt hinzog, war nicht die einzige Erbschaft des Zweiten Weltkrieges. Die brutale und mörderische deutsche Besatzungspolitik in Osteuropa führte zur Vertreibung der dort ansässigen Deutschen. Zweieinhalb Millionen davon ließen sich in Nordrhein-Westfalen nieder. Bis zum Mauerbau 1961 kam noch eine knappe Million Flüchtlinge aus der DDR hinzu.

In den 1960er und frühen 1970er Jahren folgten Arbeitskräfte aus dem Mittelmeerraum, die von der deutschen Industrie dringend benötigt und von der Bundesregierung angeworben wurden. Mehrere Millionen davon arbeiteten in Nordrhein-Westfalen. Und obwohl die meisten nach einigen Jahren wieder in ihre Heimat zurückkehrten, stieg die Zahl der Ausländer im Land dadurch doch um ein Vielfaches. Während der späten 1980er und frühen 1990er Jahre erlebte Nordrhein-Westfalen dann durch den massenhaften Zuzug von Spätaussiedlern, Asylbewerbern und jüdischen Kontingentflüchtlingen, von denen die meisten aus Osteuropa kamen, die bisher letzte Einwanderungswelle.

Seit den späten 1990er Jahren ist die Wanderungsbilanz des Landes in etwa ausgeglichen. Zuzüge nach und Fortzüge aus Nordrhein-Westfalen halten sich ungefähr die Waage. Der Anteil von Ausländern an der Bevölkerung ist weitgehend stabil geblieben. Tatsächlich hat er – wegen der vermehrten Einbürgerung vor allem ehemaliger „Gastarbeiter“ – sogar etwas abgenommen. Die Zahl der jährlich im Land unterkommenden Spätaussiedler, die 1995 noch um 45.000 lag, ist mittlerweile auf weniger als 1000 pro Jahr gesunken. Auch die Zahl der Asylsuchenden ist stark zurückgegangen. 1992 wurden in Nordrhein-Westfalen etwa 80.000 Neuanträge auf Asyl gestellt. In letzter Zeit sind es dagegen jährlich nur noch wenige tausend.

Dieser Rückgang ist eine Folge des Bündels von Gesetzen und Verfassungsänderungen auf Bundesebene, mit denen die Möglichkeit einer Zuwanderung nach Deutschland 1993 wesentlich eingeschränkt wurde. Die nordrhein-westfälischen Vertreter im Bundesrat haben diesen Einschränkungen zugestimmt. Durch sie ist zum einen die Anerkennung als Spätaussiedler beträchtlich erschwert worden. Zum anderen wurde auch das deutsche Asylrecht, das bis dahin im europäischen Vergleich als verhältnismäßig liberal gelten konnte, verschärft.

Aus historischer Sicht lassen sich diese Änderungen verstehen als Konsequenz aus dem Ende einer Epoche, die von den Nachwirkungen des Zweiten Weltkriegs und des Nationalsozialismus bestimmt war. Nachdem die brutale nationalsozialistische Kriegführung die Vertreibung und Diskriminierung von Menschen deutscher Herkunft in Osteuropa provoziert hatte, schien es in der alten Bundesrepublik ein Gebot der Gerechtigkeit, diese Menschen mit offenen Armen zu empfangen. Auf andere Weise war auch das 1948/49 im westdeutschen Teilstaat verankerte liberale Asylrecht als eine Wiedergutmachung für nationalsozialistische Verbrechen gedacht. Zudem wurde das Asylrecht im Grundgesetz, beraten während der Entstehungsphase des Kalten Kriegs, mit Blick auf die zu erwartenden Flüchtlinge aus der DDR entworfen. Mit dem Untergang der DDR und dem Ende des Kalten Kriegs entfiel dieses Motiv. Und offenbar war auch die Erinnerung an den Nationalsozialismus als Faktor der Asylrechtspolitik zunehmend verblasst.

Allerdings wäre es wohl zu kurz gegriffen, die restriktivere Zuwanderungspolitik des wiedervereinigten Deutschland nur als Ausdruck eines neuen Nationalbewusstseins zu interpretieren. Erst recht hat die Berliner Republik damit keinen neuen deutschen „Sonderweg" eingeschlagen. Außergewöhnlich waren eher das liberale Asylrecht und die Sonderrechte für Aussiedler, die in der alten Bundesrepublik praktiziert wurden. Die Hindernisse, die 1993 für potentielle Immigranten aufgestellt wurden, stellen vielmehr eine Angleichung an Standards dar, wie sie in der Zuwanderungspolitik der meisten anderen westeuropäischen Staaten seit Längerem bestehen.

Diese Angleichung geht auch einher mit einer wachsenden Europäisierung staatlicher Kontrolle von Migration. Beginnend mit dem Schengener Abkommen ist seit 1985 ein Prozess eingeleitet worden, in dessen Verlauf nationale Regierungen mit der Überwachung der Grenzen zumindest auch die Abwehr „unerwünschter" Einwanderer zunehmend an supranationale europäische Institutionen und Organe übertragen. Während über Ausmaß und Formen von Einwanderung nach Nordrhein-Westfalen lange vor allem in Berlin oder Bonn entschieden worden ist, werden diese Entscheidungen nun mehr und mehr von Gremien der Europäischen Union in Brüssel und Straßburg getroffen. Nordrhein-Westfalen ist zu einem Teil der „Festung Europa" geworden.

Der Begriff der „Festung" ist dabei durchaus treffend. Europäische Migrationspolitik dient heute hauptsächlich der Abwehr und weniger der Integration von Zuwanderern. Das hat seinen Grund unter anderem in einer Veränderung der Wanderungsbewegungen. Während der ersten Jahrzehnte nach dem Zweiten Weltkrieg kamen die meisten potentiellen Zuwanderer in vielen europäischen Ländern, darunter auch die Bundesrepublik Deutschland, aus anderen Teilen des Kontinents. Bis in die 1970er Jahre war vor allem die Arbeitsmigration aus dem Mittelmeerraum in den Nordwesten Europas dominant. Seitdem sind jedoch aus klassischen Auswandererländern wie Italien und Spanien selbst Einwanderungsländer geworden. Europa, aus dem bis weit ins 20. Jahrhundert hinein Millionen Menschen in alle Welt emigrierten, ist mittlerweile das erklärte Ziel für Millionen Migranten von anderen Kontinenten, insbesondere aus Asien und Afrika.

Wie früher die Unterschiede im Lebensstandard zwischen dem Süden und dem Nordwesten Europas, so verursacht heute das Wohlstandsgefälle zwischen den Ländern der Europäischen Union einerseits, denen Afrikas, Asiens und teilweise auch Osteuropas andererseits die Wanderungsbewegungen mit. Diese Kluft hat sich teilweise in den letzten Jahrzehnten noch vertieft. In 70 Ländern Afrikas und Asiens ist das Pro-Kopf-Einkommen seit der Mitte der 1970er Jahre gesunken. Mehr als anderthalb Milliarden Menschen in diesen Ländern lebten Mitte der 1990er Jahre schlechter als 1980. Bevölkerungsanstieg bei stagnierenden oder sinkenden Beschäftigungsmöglichkeiten trägt dazu ebenso bei wie galoppierende Umweltzerstörung und Klimawandel. Seit dem Ende des Kalten Kriegs ist zudem die Entwicklungshilfe, die maßgeblich von der Konkurrenz der Machtblöcke in Ost und West um die Gunst der „Dritten Welt“ motiviert war, beträchtlich zurückgefahren worden. Neben in engerem Sinn wirtschaftlichen Faktoren tragen aber auch Kriege wesentlich dazu bei, die Existenzgrundlagen von Afrikanern und Asiaten zu gefährden oder zu vernichten, und verstärken auf diese Weise den Migrationsdruck auf die „Festung Europa“.

Der Umgang der Europäischen Union und ihrer Mitgliedstaaten mit diesem hier nur knapp skizzierten Problemkomplex ist bisher nahezu rein reaktiv: Gehandelt wird erst, wenn Migranten bereits an die Tür klopfen oder diese schon durchschritten haben. Man konzentriert sich auf die Überwachung von Grenzen und Flughäfen; schon im Land befindliche illegale Einwanderer werden isoliert und abgeschoben. In Asylverfahren wird zwischen politischen und wirtschaftlichen Motiven für Migration zu unterscheiden versucht – obwohl eine solche idealtypische Trennung der komplexen Motivation von Migranten aus Afrika, Asien und Osteuropa heute meist ebenso wenig gerecht wird, wie sie bei den meisten europäischen Auswanderern in die USA während des 19. und frühen 20. Jahrhunderts möglich gewesen wäre.

Die Leitlinien der Politik in der „Festung Europa", die vorrangig auf Abwehr von Immigration ausgerichtet ist, lassen sich mit den Begriffen „Schutz des Arbeitsmarkts" und „Inländervorrang" umschreiben. Die in ihr vorherrschende Verwaltungspraxis ist die der „Ausländerkontrolle". In der Regel zielt sie darauf ab, potentielle Einwanderer durch die Erhebung eines „Rückkehrzwangs" zum politischen Prinzip schon im Vorfeld abzuschrecken. Damit ähnelt sie in mancherlei Hinsicht den in Deutschland während Kaiserreich und Weimarer Republik von den Behörden verfolgten Strategien, die sich unter den von wirtschaftlicher und politischer Unsicherheit geprägten Bedingungen der Zeit nach dem Ersten Weltkrieg mit Fremdenfeindschaft und Ausländerhass in breiten Schichten der Gesellschaft schließlich zu einer explosiven Mischung vereinten.

Die rein reaktive Abwehr von Zuwanderung in die Europäische Union doktert zudem nur an Symptomen herum, ohne sich Ursachen zuzuwenden, und bleibt damit notgedrungen wenig effektiv. Wo legale Einwanderung unmöglich gemacht wird, finden Einwanderer andere Wege. Die Zahl der in Nordrhein-Westfalen aufgedeckten Fälle illegalen Aufenthalts und illegaler Beschäftigung von Migranten ist in den letzten zwei Jahrzehnten steil angestiegen. Und dabei handelt es sich wohl nur um die Spitze eines Eisbergs. Seit der Verschärfung des Asylrechts in der Bundesrepublik Anfang der 1990er Jahre hat sich in Osteuropa eine stetig wachsende Zahl von professionellen Schlepperorganisationen gebildet, die auf kommerzieller Basis illegale Einwanderer vor allem aus Asien und Afrika nach Deutschland einschleusen. Darüber hinaus werden hierzulande Hunderttausende Osteuropäer in der häuslichen Pflege, auf dem Bau oder in der Landwirtschaft meist in befristeten Arbeitsverhältnissen beschäftigt, die sich zumindest hart am Rande der Legalität bewegen.

Statt die Mentalität einer belagerten Festung auszubilden, wären Europäer besser beraten, sich näher mit den Hintergründen als nur mit den Folgen der Massenmigration aus Afrika und Asien zu beschäftigen. Eine vorausschauende, also proaktive statt lediglich reaktive Politik müsste sich der Beseitigung der Ursachen von Wanderungs- und Fluchtbewegungen auf diesen Kontinenten widmen. Mögliche Wege dazu sind bereits hinreichend bekannt, wurden aber bisher noch zu wenig beschritten. Die massenhafte Finanzierung von Mikrokrediten, die insbesondere Frauen und lokalen Gemeinschaftsorganisationen zugute kommen, kann wirtschaftliche Unterentwicklung nachhaltig beseitigen. In Verbindung mit gezielten Bildungsprogrammen, die sich ebenfalls vorrangig an Frauen wenden, lässt sich so auch Überbevölkerung abbauen. Um fortgesetzte Umweltzerstörung zu vermeiden, sollten Europäer die Einfuhr von Energie, Nahrungs- und Futtermitteln aus der „Dritten Welt" reduzieren. Internationale

Friedensmissionen in Afrika und Asien müssten weniger als „Feuerwehr“ verstanden und an kurzfristigen wirtschaftlichen Interessen, sondern vielmehr an dem langfristigen Ziel der Prävention von Kriegen und Krisen orientiert werden.

Das mag sich nach dem Bohren dicker Bretter anhören. Dieser Eindruck wäre nicht falsch. Um Zukunftsmusik handelt es sich dabei freilich ebenso wenig wie um etwas, was nordrhein-westfälische Bürger nur Politikern überlassen und allenfalls bei Wahlen ein wenig beeinflussen können. An der Finanzierung von Mikrokrediten etwa kann man sich, wie der Begriff schon nahelegt, bereits mit minimalen Geldbeträgen beteiligen – und in der Regel dafür sogar noch Zinsen einstreichen. Um nicht weiter zu Umweltschäden in Afrika und Asien beizutragen und damit die Lebensgrundlagen der dort lebenden Menschen zu zerstören, ist es auch nicht nötig, die Herkunft der selbst verbrauchten Nahrungsmittel bis ins Detail zu verfolgen. Es reicht vielmehr zum Beispiel schon, weniger Fleisch zu essen, weil das hierzulande aufgezogene Vieh meist mit importierten Futtermitteln gemästet wird.

In einer globalisierten Welt trägt jeder Mensch durch sein Verhalten dazu bei, die Lebenssituation anderer Menschen auch in weiter Ferne ein Stückchen zu beeinflussen. Und oft ist es nur ein Stückchen, das den Unterschied ausmacht zwischen einer Lebenslage, die eben noch akzeptabel erscheint, und einer Situation, die als unerträglich empfunden wird. Der Entschluss eines Einzelnen zur Migration ist in einer globalisierten Welt so beeinflusst von einer Vielzahl von Entscheidungen anderer, die weit, weit weg und gedankenlos gefällt werden.

Der Entschluss zum Weggehen ist freilich nur eine Seite von Migration. Das Ankommen, die Integration, ist die andere. Integration geschieht, das zeigt der historische Rückblick, immer und überall. Zuwanderer lernen die Sprache des Aufnahmelandes – und verlernen, spätestens in der dritten Generation, die ihrer alten Heimat. In ihren Vorstellungen von Geschlechterrollen und gesellschaftlicher Ordnung, bei ihren Geburtenraten, sogar mit ihren Essensgewohnheiten gleichen sie sich an die Alteingesessenen an. Dabei verändert sich freilich auch die Einwanderungsgesellschaft als Ganzes. Spaghetti Napoli und Döner Kebab waren in den 1950er Jahren in Nordrhein-Westfalen so gut wie unbekannt. Heute sind sie an Rhein und Ruhr das Lieblingsessen von Millionen Menschen ohne Migrationshintergrund. Manche Zuwanderer haben dafür Gefallen an Rheinischem Sauerbraten mit Klößen gefunden.

Auch Wertvorstellungen von Migranten und alteingesessener Bevölkerung gleichen sich an. Das geschieht in vielen Bereichen freilich nicht in der allgemeinen Orientierung an einer „Leitkultur", sondern in einer pluralistischen Welt unterschiedlicher Lebensstile. Die multikulturelle Gesellschaft ist längst Realität – allerdings nicht im Sinne von nach Herkunft voneinander getrennten, nebeneinander her lebenden ethnischen Subkulturen: Die Grenzen zwischen den verschiedenen Lebensstil-Milieus liegen vielmehr quer zu den ethnischen Gruppen und lösen diese zunehmend auf. Die Existenz eines gesellschaftlichen Basiskonsenses von Werten schließt das nicht notwendigerweise aus. Doch dieser ist ohnehin beständig im Fluss und verändert sich. Die Vorstellung von Autorität, das Verhältnis zwischen Regierten und Regierenden, zwischen Eltern und Kindern, zwischen Lehrern und Schülern ist heute in Nordrhein-Westfalen ein ganz anderes als vor 60 Jahren. Zentrale Wertvorstellungen werden in einer Gesellschaft immer neu ausgehandelt. Und in diese Aushandlungsprozesse sind Menschen mit Migrationshintergrund ebenfalls zunehmend mit einbezogen.

Integration geschieht also immer und überall. Aber sie geschieht mehr oder weniger schnell, mehr oder weniger umfassend. Und sie geschieht nicht von selbst. Tempo und Ausmaß von Integration sind abhängig von politischen Entscheidungen und gesellschaftlichen Weichenstellungen. In Nordrhein-Westfalen wurden die Kinder von „Gastarbeitern" in den 1970er Jahren bereits in Regelklassen mit deutschen Schülern integriert. In Bayern wurden sie dagegen wesentlich länger in separaten Klassen in ihrer Muttersprache unterrichtet. In Bayern ist der Anteil der Migrantenkinder, die ihre Schulausbildung mit dem Abitur abschließen, unter anderem deshalb bis heute deutlich niedriger als in Nordrhein-Westfalen, der Anteil von Hauptschulabgängern und -abbrechern unter den Schülern mit Migrationshintergrund dagegen beträchtlich höher.

Nicht nur Politiker, sondern auch ganz gewöhnliche Bürger beeinflussen solche Entscheidungen. Und sie nehmen auf den Verlauf von Integration nicht nur als Wähler Einfluss. Sie tun das etwa auch am Arbeitsplatz, bei der Entscheidung für eine bestimmte Wohngegend, bei der Auswahl der Schule für ihre Kinder oder bei der Wahl des eigenen Freundes- und Bekanntenkreises. Alle diese und viele andere, oft ganz alltägliche Entscheidungen bestimmen über Ausmaß und Tempo der Eingliederung von Zuwanderern. Sie beschleunigen, verzögern oder behindern Integration, die letzten Endes eine Aufgabe der gesamten Gesellschaft und aller ihrer Mitglieder ist.

Literaturhinweise

Es existiert bisher keine geschlossene Darstellung der Migrationsgeschichte des Raumes, den seit 1946 das Land Nordrhein-Westfalen umfasst. Tatsächlich ist selbst Spezialliteratur zum Thema rar. Denn die Geschichte von Wanderungsbewegungen wird bis heute meist aus nationalstaatlicher Perspektive geschrieben – ein Umstand, der selbst nur historisch zu erklären ist.

Eine vorzügliche und aktuelle **Einführung** in die historische Forschung zur allgemeinen Migrationsgeschichte in der Moderne und umfangreiche, aber gut erschließbare Hinweise auf weiterführende Forschungsliteratur bietet Jochen Oltmer, Migration im 19. und 20. Jahrhundert, München 2010. Sehr knapp, mit teilweise fragwürdigen Urteilen und punktuell fehlerhaft ist Dirk Hoerder, Geschichte der deutschen Migration, München 2010. Kurze Orientierung zu den verschiedensten Aspekten von Wanderungen findet man in Klaus J. Bade u.a. (Hg.), Enzyklopädie Migration in Europa, Paderborn 2007. Wissenschaftliche Essays zu Geschichte und Gegenwart von Migration in Deutschland enthält der Sammelband von Jochen Oltmer (Hg.), Migration steuern und verwalten, Göttingen 2003.

Zur **Amerika-Auswanderung:** Walter D. Kamphoefner, Westfalen in der Neuen Welt, Göttingen 2006; Briefe aus Amerika, herausgegeben von Wolfgang Helbich u.a., München

1988 (darin auch zu Ludwig Dilger); Klaus J. Bade (Hg.), Deutsche im Ausland – Fremde in Deutschland, München 1992, S. 135–184.

Zur **Arbeitswanderung in der Industrialisierung:** Wolfgang Köllmann u. a., Bevölkerungsgeschichte, in: Das Ruhrgebiet im Industriezeitalter, Band 1, Düsseldorf 1990; Klaus J. Bade, Massenwanderung und Arbeitsmarkt im deutschen Nordosten von 1880 bis zum 1. Weltkrieg, in: Derselbe, Sozialhistorische Migrationsforschung, Göttingen 2004; Steve Hochstadt, Mobility and Modernity: Migration in Germany 1820–1989, Ann Arbor 1999. – Christoph Kleßmann, Polnische Bergarbeiter im Ruhrgebiet 1871–1945, Göttingen 1978; besonders aufschlussreiche Lokalstudien: Richard Murphy, Gastarbeiter im Deutschen Reich: Polen in Bottrop 1891–1933, Wuppertal 1981, und Ralf Piorr (Hg.), Eine Reise ins Unbekannte: Ein Lesebuch zur Migrationsgeschichte in Herne und Wanne-Eickel, Essen 1998, S. 14–49 (hier auch zur Biographie von Jakob Wojciechowski). – Nina van den Broek, „Met het doel daar te arbeiden“: Niederländische Wanderarbeiter in Deutschland 1870–1914, in: Andreas Eiynck u. a. (Hg.), Wanderarbeit jenseits der Grenze, Assen 1993, S. 130–139; Adolf Wennemann, Arbeit im Norden: Italiener im Rheinland und Westfalen des späten 19. und frühen 20. Jahrhunderts, Osnabrück 1997.

Zu **Wanderungspolitik und Migrantenschicksalen zwischen 1914 und 1945** außer den oben genannten Arbeiten von Kleßmann, Murphy und Wennemann auch Ralf Karl Oenning, „Du da mitti polnischen Farben…“: Sozialisationserfahrungen von Polen im Ruhrgebiet 1918 bis 1939, Münster 1991 (dort zu den Kochanowskis); Jochen Oltmer, Migration als Gefahr: Transnationale Migration und Wanderungspolitik in der Weimarer Republik, Göttingen 2004; Ralf Piorr (Hg.), Reise ins Unbekannte, Essen 1998, S. 50–60 (zu Abraham Pisarek), S. 87–88 (zu Tamara Boitschenko). – Ulrich Herbert, Fremdarbeiter: Politik und Praxis des „Ausländer-Einsatzes" in der Kriegswirtschaft des Dritten Reiches, Bonn ^{2}1999; Klaus Tenfelde/Hans-Christoph Seidel (Hg.), Zwangsarbeit im Bergwerk, Essen 2005.

Zu den **deutschen Vertriebenen:** Dierk Hoffmann u. a. (Hg.), Vertriebene in Deutschland, München 2000; Dierk Hoffmann u. a. (Hg.), Geglückte Integration?, München 1999; Vertriebene, Fremde, Nachbarn, Neuss 1992; Neuanfang in Münster, Münster 1996; Johannes-Dieter Steinert, Vertriebenenverbände in Nordrhein-Westfalen 1945–1954, Düsseldorf 1986; Uwe Kleinert, Flüchtlinge und Wirtschaft in Nordrhein-Westfalen 1945–1961, Düsseldorf 1988; Volker Ackermann, Der „echte" Flüchtling: Deutsche Vertriebene und Flüchtlinge aus der DDR 1945–1961, Osnabrück 1995; Landesregierung NRW, Flucht und Vertreibung, Düsseldorf 2010.

Zu den **Arbeitsmigranten aus Südeuropa und der Türkei** seit den 1950er Jahren: www.angekommen.com (u. a. zu Italienern, Spaniern und Portugiesen, hier die Erinnerungen von Giuseppe La Torre); Yvonne Rieker, „Ein Stück Heimat findet man ja immer": Die italienische Einwanderung in die Bundesrepublik, Essen 2003; Karin Hunn, „Nächstes Jahr kehren wir zurück": Die Geschichte der türkischen „Gastarbeiter" in der Bundesrepublik, Göttingen 2005; Mathilde Jamin, Fremde Heimat: Zur Geschichte der Arbeitsmigration aus der Türkei, in: Jan Motte u. a. (Hg.), 50 Jahre Bundesrepublik – 50 Jahre Einwanderung, Frankfurt 1999, S. 145–164; Ralf Piorr (Hg.), Reise ins Unbekannte, Essen 1998, S. 192–237 (u. a. mit den Erinnerungen von Cihangül Dagtas); Karl-Heinz Meier-Braun, Integration oder Rückkehr? Zur Ausländerpolitik des Bundes und der Länder, Mainz 1988; Karen Schönwälder, Einwanderung und ethnische Pluralität: Politische

Entscheidungen und öffentliche Debatten in Großbritannien und der Bundesrepublik von den 1950er bis zu den 1970er Jahren, Essen 2001 (aus diesen beiden Büchern wurden die meisten der zeitgenössischen Zitate in Kapitel V.2 entnommen); Westfälische Forschungen 59/2006 (Schwerpunkt Migrationsgeschichte).

Die **massenhafte Zuwanderung von Asylbewerbern und Spätaussiedlern seit den 1980er Jahren und die Entwicklung zur „Festung Europa“** ist historisch noch kaum aufgearbeitet. Siehe aber Klaus J. Bade/Jochen Oltmer (Hg.), Aussiedler, Göttingen [2]2003; Klaus J. Bade, Einwanderungskontinent Europa: Migration und Integration am Beginn des 21. Jahrhunderts, Osnabrück 2001; Sandra Lavenex, The Europeanization of Refugee Policies, Aldershot 2002.

Aktuelles und teilweise auch historisches Zahlen- und Informationsmaterial sowie Hinweise auf Publikationen enthalten u.a. die Webseiten der zuständigen Landes- und Bundesministerien. Zurzeit sind dies das Bundesinnenministerium und das NRW-Integrationsministerium, wobei Zuständigkeiten und Bezeichnungen wechseln können. Sehr informativ sind auch die Jahresgutachten des Sachverständigenrats deutscher Stiftungen für Integration und Migration.

Ein Genuss wie eine spezielle Tafel Schokolade

*„Der Autor doziert nicht,
er erzählt:
spannend, lustig und
mit ganz viel Liebe
zum Leser“*
(Kölner Stadt-Anzeiger)

Ewald Frie (Text)
Thomas Plaßmann (Illustrationen)
Das Schokoladenproblem
Die Verfassung von Nordrhein-Westfalen
jungen Menschen erzählt
104 Seiten mit 42 farbigen Illustrationen
Gebunden mit Schutzumschlag
Format 13 x 21 cm
14,90 Euro
ISBN 978-3-7743-0433-8

GREVEN VERLAG KÖLN
Einfach schöne Bücher